기독교인 의사 중 한 사람으로서 이 책을 추천하게 된 것을 매우 기쁘게 생각한다. 저자는 평소 교회에서 명쾌한 대답을 들을 수 없었던 특수하고 전문적인 이야기를 주제로 삼았다. 성경 속에 나오는 의학 이야기를 의사의 시선으로 바라보면서 알기 쉽게 설명한 것이다. 성경을 읽으면서 누구나 한 번쯤은 궁금증을 품었을 법한 14개의 이야기들에 의학적인 지식을 더해 풀이한 본문은 독자들의 흥미와 호기심 충족은 물론이고, 성경의 사실성 또한 입증해준다. 의사들만이 발견할 수 있는 사실과 감동을 독자들에게 전달하기 위한 저자의 수고와 노력이 물씬 묻어나는 책이다. 특별히 위암 진단을 받고도 이 책이 빛을 보기까지 신학적 조언을 아끼지 않은 공동저자 이노균 목사님의 헌신과 노력에 뜨거운 박수를 보낸다.

강영우 건양대학교 의과대학 내과 교수, 前 건양의대 학장, 前 한국호스피스협회 이사장

성경의 위대함은 의심할 여지가 없다. 역사가, 의사, 과학자 등 각 분야에서 전문지식을 쌓은 사람들도 그들의 전문 분야를 연구하다 하나님을 믿게 되는 경우가 많다. 저자는 이 책에서 성경 원문과 해당 분야 전문의의 의견을 참고하여 성경에 기록된 사건에 관한 의학적 견해를 펼치고 있다. 독자들은 이 책을 통해 성경이 진리의 말씀임을 깨닫고, 우리 몸을 만드시고 치유하신 최고의 의사이신 예수님의 존재를 더 뜨겁게 경험하게 될 것이다.

권혁상 KAIST 재료공학과 교수

이 책은 의학적 관점에서 성경을 읽음으로써 성경에 대한 과학적 접근법을 제시하는 책이다. 성경을 믿음으로 받아들이는 기독교인들은 물론이고, 성경을 단지 인문학적 텍스트로만 여겼던 사람들도 매우 흥미로워할 내용을 담고 있다. 성경 속 이야기의 진위 여부가 궁금했던 독자들이나 성경이 분명한 진리임을 깨닫기 원하는 많은 독자들에게 적극 추천한다.

김영길 한동대학교 초대총장, 한국창조과학회 초대회장

이 책은 의사인 아들 이종훈 박사와 부친 이노균 목사님이 함께 쓴 책이다. 저자는 육신의 아버지와 힘을 합해 하늘의 아버지께 영광을 돌리고 있는 것이다. 독자들은 성경의 주요 일화에 관한 적절한 예화와 의학적 설명을 통해 신앙을 한층 더 돈독히 할 수 있을 것이다. 건강에 대한 관심이 날로 높아지면서 검증되지 않은 의학정보가 범람하고 있는 시대를 사는 기독교인들에게 이 책이 성경을 바르게 읽게 하는 좋은 길잡이가 되어줄 것이다.

김요한 대전극동방송 지사장, 함께하는교회 담임목사, 사단법인 와플 대표

많은 사람들에게 널리 읽힐 책이 될 것이라고 확신한다.

노창래 가톨릭대학교 의과대학 안과 교수

『성경 속 의학 이야기』는 날마다 홍수처럼 쏟아져 나오는 신간 서적 중에서도 단연 눈에 띄는 보석 같은 책이다. 의학과 신학이라는 두 개의 눈으로 성경을 읽었을 때 얻을 수 있는 감동을 보여주는 실로 귀한 저작이기 때문이다. 독자들은 성경 속 일화에 관한 의학적·역사적·언어적 분석을 하는 이 책을 통해 성경 말씀에 담긴 본래 의미를 더 깊이 깨달을 수 있을 것이다. 게다가 이 책 한 권에는 대를 이어 전해진 신앙의 유산이 집약되어 있다. 성경 읽기에 재미와 유익, 그리고 신선한 시각을 제시하는 이 책의 출간은 독자들에게 큰 축복이 될 것이다.

배국원 침례신학대학교 총장

가톨릭 신자인 내게도 이 책은 상당히 흥미롭고 독특하게 느껴진다.

신재혁 한림대학교 의과대학 정형외과 교수

저자 이종훈 집사는 이 책에서 전문적인 의학 지식을 누구나 알기 쉽게 풀어냄으로써 전문성과 흥미라는 두 마리 토끼를 모두 잡았다. 이 책이 세상 밖에 나오기 전에도 저자는 새로남교회 월간지 「새로남」의 편집장을 맡으면서 '성경 속 의학 이야기'라는 주제의 칼럼을 통해 많은 이들에게 재미와 감동을 주었다. 이 책에 실린 내용 중 상당수는 당시 「새로남」에 연재해 호평을 받았던 기사들이다. 저자의 후덕한 인격과 전문 지식을 엿볼 수 있는 이 책의 출판이 하나님의 놀라운 계획의 일부라 믿으며 기쁜 마음으로 일독을 권하는 바이다.

오정호 새로남교회 담임목사, 새로남기독학교 & 미래목회포럼 이사장

『성경 속 의학 이야기』는 의학자인 아들 이종훈 원장과 아버지 이노균 목사님이 합심하여 펴낸 성경 해설서다. 성경에 나타난 여러 질병에 대한 의학적인 설명 또는 고찰의 필요성은 오래전부터 대두되어왔는데, 이제라도 이러한 주제를 다룬 책이 출간된 것을 진심으로 기쁘게 생각한다.

이 책은 성경의 더 깊은 세계로 우리를 인도한다. 저자는 본문과 관련된 사진이나 그림, 도해를 실어 독자의 이해를 돕는 한편, 히브리어와 헬라어 원전의 의미까지 정확하게 짚어가며 분석해 이 분야에 대한 지식이 없는 독자들도 성경을 쉽게 이해할 수 있게 배려하고 있다. 한국교회에 유익을 주는 좋은 책이라 확신하며 진심으로 추천한다. 독자들은 이 책을 통해 하나님 말씀을 더 깊고 올바르게 이해할 수 있을 것이다.

이상규 고신대학교 신학과 교수, 개혁신학회 회장

이 책을 읽으면서 나는 향기 짙은 숲길을 시간 가는 줄 모르고 걷는 기분을 느꼈다. 의사 생활로 바쁜 와중에도 꽃처럼 아름다운 사연, 보석처럼 빛나는 신앙의 열매, 그리고 잔잔한 감동과 은혜로움이 있는 책을 펴낸 저자의 열정에 감탄과 찬사를 보낸다.

이재서 총신대학교 교수, 세계밀알연합 총재

『성경 속 의학 이야기』는 한국 교계의 존경받는 원로 이노균 목사님과 아들인 안과 전문의 이종훈 박사의 공동 작품으로, 성경에 관련한 의학 정보를 재미있게 전달하는 한편 신학 정보도 놓치지 않은 책이다. 의사로서의 전문성은 물론 탁월한 성경 지식까지 갖추고 있는 저자는 유려한 글 솜씨로 조목조목 근거를 늘어가며 성경 속 이야기가 신화가 아닌 하나님의 계시이자 역사적 진실임을 증언한다. 따라서 이 책은 그 어떤 설교보다 더 진한 감동을 주는 저자의 신앙고백서다. 기독교인과 비기독교인 모두에게 유익을 줄 것이라 확신하며 모든 이에게 일독을 권한다.

정일웅 前 총신대학교 총장

무종교인인 내게도 이 책은 성경에 관한 의학적 해석을 시도했다는 점에서 매우 흥미롭게 다가온다. 흉부외과 전문의의 시각에서 볼 때 이 책에는 적어도 의학적인 오류나 비약은 없는 듯하다.

제형곤 부산대학교 의과대학 흉부외과 교수

성경 속
의학 이야기

성경 속 의학 이야기

의학의 눈으로 읽는 성경

이노균
이종훈 공저

Holy WavePlus

이 땅의 모든 목회자 자녀들에게

이 책을 바칩니다.

차례

여는 말

의과대학 본과 2학년 때의 일이다. 산부인과 수업 시간에 쌍태아간 수혈증후군에 대해 배우면서 쌍둥이가 엄마 배 속에서 서로 얽힐 수 있고, 그런 일이 출생 시에도 일어날 수 있다는 설명을 듣게 되었다. 순간 나는 야곱이 에서의 발목을 잡고 태어나는 광경을 머릿속에 떠올렸다. 수업을 마치고 그 장면을 확인하기 위해 성경을 펼치자 놀랍게도 한 번에 바로 창세기 25장의 야곱과 에서의 출생을 언급한 부분이 나왔다. 우연이라기에는 너무나 신기한 경험이었다.

이후 나는 성경에 관한 의학 자료를 모으며 언젠가는 이 주제로 책을 쓰겠다는 소망을 품었다. 의과대학을 졸업하고 개업의로 사느라 정신이 없는 와중에도 학교 다닐 때 품었던 꿈만은 접지 않았다. 하지만 바쁜 일상에 치여 차일피일 미루다 보니 어느덧 20년이 흘렀다. 사실 이런 내용의 책은 이 분야의 대가만이 다룰 수 있는 주제라는 생각 때문에 출간을 주저한 면도 있다. 물론 아직도 책으로 펴내기에는 다듬어야 할 부분이 많지만 몇 가지 이유로 이제는 이 책을 출간해야겠다는 판단이 섰다.

먼저 이 책의 공저자인 필자의 아버님이 3년 전 위암 수술을 받으신 후로 더 이상 출간을 미루어서는 안 되겠다는 생각이 들었다. 처음 이 책을 구상할 때부터 아버님과 함께 작업하기로 마음먹었기 때문이다. 다행히 아버님은 거의 완치되셔서 지금은 건강을 많이 회복하셨다.

고신대학교 이상규 목사님이 용기를 주신 것도 큰 동기가 되었다. 이 책에서 다루는 몇 가지 주제로 목사님과 대화를 나누던 중 생각만으로 그칠 게 아니라 아예 정기적으로 연재해보라는 이 목사님의 조언에 따라 당시 내가 섬기고 있던 새로남교회 월간지에 2년에 걸쳐 이 주제로 칼럼을 싣게 되었다. 그 시간이 이 책을 쓰는 데 훌륭한 자양분이 되어주었다. 수년간 지역 정보지에 매주 의학칼럼을 써온 것도 책을 준비하는 과정에서 좋은 훈련이 되었다. 연재를 시작할 즈음 히브리대학 성서학부에 재학 중인 임채의 군을 만나 본문에 나오는 성경 원문의 히브리어와 헬라어에 대해 자문을 구할 수 있었던 것도 출간을 결심하게 된 계기 중 하나다.

때마침 10년 전 발간한 나의 첫 책 『의대를 꿈꾸는 대한민국의 천재들』이 10쇄를 돌파한 스테디셀러가 되면서 다음 책을 펴낼 용기를 얻을 수 있었다.

사실 이 책은 객관적인 방법으로 실험의 재현성을 검증하는 과학논문집은 아니다. 성경은 창세기부터 요한계시록까지 온통 기적으로 가득 차 있지만 그 기적들이 하나님께서 하신 일이라는 언급 외에 그 과정에 대한 구체적인 설명은 없다. 물론 하나님께서 어떻게 이러한 기적들을 행하셨을지 추측해보는 것도 흥미롭지만, 성도들은 궁극적으로 믿음으로 이것을 사실로 받아들여야 할 것이다. 하지만 하나님께서는 인간이 자연현상, 과학, 그리고 의학을 통해서도 자신의 말씀이 진실임을 알기 원하신다. 실제로 고고학과 과학, 의학의 발달에 따라 성경 말씀을 뒷받침하는 증거가 속속들이 나오고 있다.

물론 이성적·과학적 관점만으로는 성경을 온전히 이해할 수 없다. 하지만 성경을 과학이나 이성과는 동떨어진 신화의 세계로 이해하는 것은 더 큰 왜곡을 낳는다. 성경을 읽다 보면 하나님이 자신의 형상을 본떠 만든 인간과 인격적으로 교류하기 원하신다는 것을 알 수 있다. 하나님의 형상으로서 우리는 지성을 올바로 사용하여 그분의 성품과 사역을 더 깊이 알아갈 책임이 있다. 나는 의사의 시각에서 성경을 읽으면서 말씀 속에 드러난 하나님의 섭리를 깊이 깨달을 수 있었으며 하나님이 인간에게 주신 의학이라는 학문을 더욱 아끼고 사랑하게 되었다. 이 책이 성경이 진리의 말씀이라는 사실을 알리는 데 미약하게나마 도움이 되었으면 한다.

자, 그럼 이제 성경과 의학 사이의 연결고리를 풀어가는 오디세이를 시작해보자.

2015년 가을, 진료실에서

• 일러두기

- 본문에 쓰인 히브리어는 구약 히브리어 사전의 양대 산맥인 **BDB** 사전과 **HALOT** 사전, 그리고 게제니우스 히브리어 아람어 사전을 참조하였다.
  BDB(Brown-Driver-Briggs) 사전
  HALOT(The Hebrew Aramaic Lexicon of the Old Testament) 사전
  게제니우스(Gesenius) 히브리어 아람어 사전
- 영어는 **KJV** 성경과 **NIV** 성경을 인용하였다.
  KJV(King James Version)
  NIV(New International Version)
- 한글 성경은 대한성서공회 개역개정판을 인용하였다.

1장

예수님 죽음의 **직접적인 원인은** 무엇일까?

그림1. "십자가에서 내림"(페테르 파울 루벤스, 1612)

이튿날 요한이 예수께서 자기에게 나아오심을 보고 가로되
보라 세상 죄를 지고 가는 하나님의 어린 양이로다(요한복음 1:29).

예수께서 힘쓰고 애써 더욱 간절히 기도하시니
땀이 땅에 떨어지는 핏방울같이 되더라(누가복음 22:44).

멜 깁슨이 연출한 영화 "패션 오브 크라이스트"(2004)를 보면 십자가에 못 박힌 예수님 위로 하늘에서 눈물 한 방울이 떨어지는 장면이 나온다. 이는 십자가 고난을 당한 예수님 못지않게 그 모습을 그저 지켜볼 수밖에 없었던 하나님도 큰 고통을 느끼셨을 거라는 상징적 표현일 것이다.

십자가형은 기원전 1000년경 아시리아와 페르시아에서 시작되었고, 이집트와 카르타고를 거쳐 기원전 100년경 로마에 알려지게 된다. 사형수를 단번에 죽이지 않고 십자가에 매달아 모진 고통을 가하면서 서서히 죽음을 맞게 하는 사형 방식이 바로 십자가형이다. 십자가형은 당대 가장 잔인한 형벌로 대개 노예나 강도, 반역자에게 내려졌고, 탈영병을 제외한 로마 시민은 그 징벌 대상에서 제외되었다.

이에 관해서는 기원전 73년 검투사 스파르타쿠스 전쟁으로 알려진 노예 반란이 있었는데, 이를 진압한 크라수스가 이 반란에서 포로가 된 노예 6천 명을 모두 십자가형에 처했다는 일화가 전해진다. 크라수스는 아피아 가로를 따라 카푸아에서 로마에 이르는 도로변에 6천 개의 십자가를 세우고 그 위에 노예군 6천 명을 매달아 죽였다고 한다.

복음서의 기록만으로 예수님의 사인(死因)과 고통을 직접 추정하기는 매우 어렵다. 4복음서에 따르면 예수님은 유월절 무렵 예루살렘에 입성했고 그로부터 5일 뒤 겟세마네 동산에서 기도를 드린 후 체포된다. 예수님은 한밤중에 산헤드린 공회와 대제사장 가야바 앞에서 폭행을 당하고 다음날 십자가에 못 박히신다.

유대교 지도자들은 예수님을 신성 모독죄로 몰아 사형시킬 요량으로 제자인 가룟 유다를 매수해 예수님을 체포하는 데 성공한다. 예수님은 자신이 하나님의 아들이라 주장하며 맹인의 눈을 뜨게 하고 죽은 사람을 살리는 기적을 베푸시는 한편, 세리와 창녀 등 당시 사회적으로 멸시받던 사람들에게 사랑을 베푸셨다. 안식일과 율법에 관한 새로운 해석을 내놓는 예수님을 따르는 무리가 점차 늘어나자 기존 유대교 지도자들은 예수님을 눈엣가시처럼 여겼다.

이에 대제사장이 자기 옷을 찢으며 이르되 그가 신성모독 하는 말을 하였으니 어찌 더 증인을 요구하리요. 보라, 너희가 지금 이 신성모독 하는 말을 들었도다. 너희 생각은 어떠하냐 대답하여 이르되 그는 사형에 해당하니라 하고 이에 예수의 얼굴에 침 뱉으며 주먹으로 치고 어떤 사람은 손바닥으로 때리며(마태복음 26:65-67).

당시 로마의 식민지였던 이스라엘에서 사형을 집행하기 위해서는 유대 총독의 허락이 필요했다. 예수님은 물도 제대로 먹지 못한 데다 잠까지 설쳐 지친 몸으로 체포된 다음날 유대 총독 빌라도의 관정으로 호송되어 이른 아침 첫 재판을 받는다.

빌라도는 예수님이 갈릴리 사람인 것을 빌미로 유대 분봉왕 헤롯에게 책임을 전가하기 위해 때마침 예루살렘에 와 있던 헤롯에게 예수님을 보낸다. 하지만 예수님은 곧 빌라도에게 되돌려 보내진다. 그리고 두 번째 재판에서 십자가형을 선고받고 제3시(오전 9시)에 십자가에 못 박히셨으며, 제9시(오후 3시)가 되자 "다 이루었다"는 말씀을 남기고 숨을 거두신다. 유월절 제물로 바쳐진 어린 양처럼 스스로 전 인류를 위한 희생양이 되신 것이다.

이튿날 요한이 예수께서 자기에게 나아오심을 보고 가로되 보라 세상 죄를 지고 가는 하나님의 어린 양이로다(요한복음 1:29).

예수님의 고통을 이해하기 위해서는 먼저 십자가에 달리기 하루 전에 겟세마네 동산에서 드린 기도를 살펴보아야 한다. 흥미롭게도 복음서 기자들 중 의사였던 누가만이 기록한 사실이 하나 있다.

예수께서 힘쓰고 애써 더욱 간절히 기도하시니 땀이 땅에 떨어지는 핏방울같이 되더라(누가복음 22:44).

이것은 극도의 정신적 스트레스를 받을 때 일어나는 희귀한 증상으로, 의학용어로는 혈한증(血汗症, Hematidrosis)이라고 한다. 정신적 피로가 극에 달하면 인체는 땀샘에 있는 모세혈관을 파괴하는 화학성분을 분비하는데, 그 결과 땀샘으로 소량의 피가 흘러들어가 땀에 피가 섞여 나오게 된다. 혈한증이 일어나면 피부가 매우 약해지는데, 아마도 다음날 로마 군인에게 채찍을 맞으셨을 때 이미 예수님의 피부는 극도로 민감해진 상태였을 것이다.

빌라도는 채찍질을 끝으로 예수님을 더는 처벌하지 않고 놓아주려고 했다.

그러므로 때려서 놓겠노라(누가복음 23:16).

하지만 군중이 이에 동의하지 않자 빌라도는 채찍질이 끝난 후 유대인들의 독립기념일인 유월절 특별 사면을 통해 예수님을 풀어주고자 한다.

빌라도가 세 번째 말하되 이 사람이 무슨 악한 일을 하였느냐? 나는 그에게서 죽일 죄를 찾지 못하였나니 때려서 놓으리라 하니(누가복음 23:22).

하지만 대제사장들의 충동으로 흥분한 군중들은 유월절 특별 사면 대상으로 예수님이 아닌 강도 바라바를 풀어주라고 외친다. 유월절은 30-40만의 순례객이 예루살렘에 집결하는 이스라엘 최대의 축제다. 만약 이때 소요 사건이 일어난다면 빌라도는 정치적으로 심각한 위기를 맞게 될 것이다.

빌라도는 예수님을 처형할 마음이 없었지만 "그를 놓아주면 황제의 충신이 아니라"는 유대인들의 위협에 하는 수 없이 십자가형을 명한다.

이러하므로 빌라도가 예수를 놓으려고 힘썼으나 유대인들이 소리 질러 이르되 이 사람을 놓으면 가이사의 충신이 아니니이다 무릇 자기를 왕이라 하는 자는 가이사를 반역하는 것이니이다(요한복음 19:12).

빌라도는 십자가형을 선고하면서도 물로 손을 씻으며 자신은 예수님의 처형에 책임이 없다고 주장하고 싶어 한다.

> 빌라도가 아무 효험도 없이 도리어 민란이 나려는 것을 보고 물을 가져다가 무리 앞에서 손을 씻으며 가로되 이 사람의 피에 대하여 나는 무죄하니 너희가 당하라. 백성이 다 대답하여 이르되 그 피를 우리와 우리 자손에게 돌릴지어다 하거늘(마태복음 27:24-25).

스위스 출신의 화가 안토니오 시세리(Antonio Ciseri)는 1871년작 "보라, 이 사람이로다"(*Ecce Homo*)에서 이 상황을 극적으로 묘사했다. 시세리의 그림은 요한복음 19:5에 나오는 라틴어 "*Ecce Homo*"를 주제로 한 많은 작품 중에서도 가장 인상적인 작품이다.

로마 군인들이 예수님의 머리에 가시관을 씌우고 어깨에 자주색 옷을 두르며 "유대인의 왕"이라고 조롱한 후 그를 군중들 앞에 데려왔을 때 빌라도가 바로 이 말을 했다. 아마 빌라도는 헬라어를 사용했을 테고 요한복음도 헬라어로 쓰여 있지만, 사람들의 뇌리에는 히에로니무스가 라틴어로 번역한 "*Ecce Homo*"라는 말이 더 강하게 각인되어 있는 것 같다. 이 말을 들은 대제사장들과 군중들이 예수님을 십자가에 못 박으라고 강경하게 외치자 결국 빌라도는 예수님의 십자가형을 용인한다.

> 대제사장들과 아랫사람들이 예수를 보고 소리 질러 이르되 십자가에

못 박으소서 십자가에 못 박으소서 하는지라. 빌라도가 이르되 너희가 친히 데려다가 십자가에 못 박으라. 나는 그에게서 죄를 찾지 못하였노라(요한복음 19:6).

그림2. "보라, 이 사람이로다"(안토니오 시세리, 1871)

빌라도를 외면하며 우울한 표정으로 돌아서는 그림 우측의 귀부인은 빌라도에게 예수님을 놓아주라고 조언한 그의 아내를 묘사한 것으로 추정된다.

총독이 재판석에 앉았을 때에 그의 아내가 사람을 보내어 이르되 저

옳은 사람에게 아무 상관도 하지 마옵소서. 오늘 꿈에 내가 그 사람으로 인하여 애를 많이 태웠나이다 하더라(마태복음 27:19).

아마도 빌라도는 아내의 조언과 더불어 예수님이 스스로 하나님의 아들이라고 주장한다는 말을 듣고는 예수님께 십자가형을 내리는 것을 못내 꺼림칙해했던 것 같다.

빌라도가 이 말을 듣고 더욱 두려워하여(요한복음 19:8).

채찍에 맞는 것이 십자가형에 포함된 절차인지 아닌지에 대해서는 학자들 간에 의견이 분분하지만, 그 둘 사이에 연관이 없다는 것이 당시의 중론이다. 의사이자 20세기 최고의 설교자로 꼽히는 D. M. 로이드 존스의 『십자가는 하나님의 입증』(나침반, 2003)에 의하면, 당시 중죄인에게는 초주검이 될 때까지 채찍질을 하거나 십자가형을 내리는 방식 중 한 가지를 선택해 집행했는데 예수님처럼 두 가지 형벌을 다 받는 것은 매우 예외적인 경우였다고 한다.

채찍질은 가죽 끈에 뼛조각이나 납덩이를 붙인 채찍으로 죄수를 때리는 형벌이었다. 죄수는 옷이 벗겨지고 두 손이 머리 위의 기둥에 묶인 채로 채찍질을 당하였다. 채찍에 맞은 죄수는 피부가

형체를 알아볼 수 없을 정도로 찢기고 근육 속 혈관들이 터져 등 전체가 피범벅이 되었을 것이고 경우에 따라서는 부분적으로 척추도 드러나 보였을 것이다. 이에 대해 3세기 유명 역사가 유세비우스는 "태형을 당한 사람의 정맥이 밖으로 드러났고, 근육, 근골 그리고 창자의 일부가 노출되었다"고 증언했다.

고대 유대법이 40대 이상의 태형을 금지했기에 담당 백부장은 죄수가 거의 죽을 지경에 이르면 채찍질을 그치게 했을 것이다. 한꺼번에 너무 많은 피를 흘리면 인체는 저혈량성 쇼크(hypovolemic shock) 상태에 빠져 혈압이 떨어지고 자꾸 기절하는 한편, 피를 흘린 만큼 수분을 보충하기 위해 심한 갈증을 느끼게 된다.

이후 로마 군병들은 예수님의 어깨 위로 자색 옷을 던지고 그 손에 왕이 쥐는 홀 대신 갈대를 쥐어주며, 머리에는 가시 면류관을 씌워 조롱했다. 인간의 두피에는 혈관이 집중적으로 분포되어 있기 때문에 군병들이 예수님의 머리에 가시 면류관을 씌웠을 때 두피에서는 상당량의 출혈이 발생했을 것이다.

예수님의 몸을 덮고 있던 자색 옷에는 예수님이 흘린 피와 진물이 달라붙어 있었을 테고 군병들이 예수님의 옷을 잡아챘을 때 상처에서는 다시 피가 흘러나오기 시작했을 것이다. 이어서 로마 군병들은 예수님에게 옷을 돌려주고 십자가에 예수님의 어깨를 가로질러 묶었다. 사형 선고를 받은 예수님은 긴 행렬을 이끌고 빌라도의 법정에서 골고다까지 약 800m의 '비아돌로로사'(*via Dolorosa*)를 따라 올라간다. 예수님이 메신 십자가는 가로 부분에 다듬지 않은 나무를 사용해 거친 나뭇결이 찢어진 어깨 피부와 근육을 파고들었을 것이다.

아마도 저혈량성 쇼크 상태였을 예수님은 갈보리 언덕으로 올라가시다가 넘어지게 된다. 백부장은 십자가형을 빨리 집행하기 위해 건장한 구경꾼 구레네 시몬을 붙잡아 예수님 대신 십자가를 지게 했다.

형장인 골고다에 이르자 군병들은 속옷만 남긴 채 예수님의 옷을 다시 벗겼는데, 이때 겉옷에 달라붙어 있던 혈액과 진물들이 피부에서 떨어져 나가면서 예수님은 또 한 번 극심한 고통을 겪으셨을 것이다.

십자가형이 시작되자 로마 군병은 예수님께 마취제인 몰약을 섞은 포도주를 드렸다. 하지만 예수님은 마시기를 거부한다. 아마도 인간을 위해 받는 고통을 약물의 도움 없이 온전히 감당하려 하신 것으로 보인다. 이후 예수님은 파티불룸(*patibulum*)이라 불리는 십자가의 가로목에 눕혀진 채로 못 박히신다.

1968년 예루살렘에서, 기원후 70년경 로마에 대항하다 숨진 36명의 유골이 발견되면서 십자가 형벌이 실제로 행해졌다는 사실

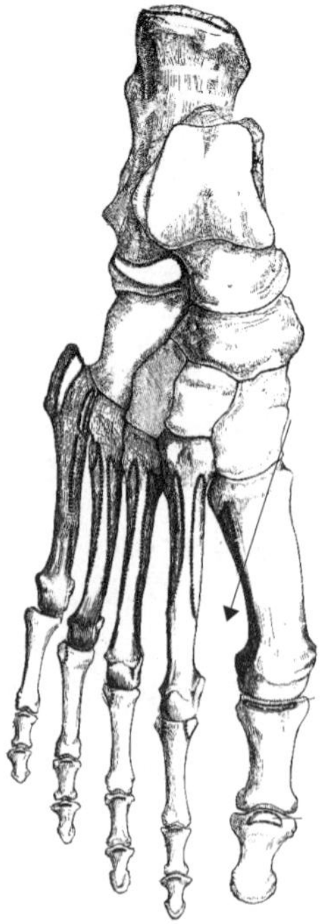

그림3. 예수님의 발바닥뼈에서 못이 박혔을 것으로 추정되는 부위

이 더욱 명확해졌다. 학자들은 당시 십자가 처형을 당했던 요하난이란 인물의 발에 꽂혀 있던 7인치(약 17.7cm) 크기의 못을 발견했다. 그 대못에는 십자가에서 떨어져 나온 올리브 나뭇조각들이 붙어 있었다.

성경은 예수님의 손바닥에 못을 박았다고 묘사하고 있지만 신약시대에는 손부터 손목까지의 부위를 모두 손이라 표현했을 가능성이 높다. 학자들 사이에서는 손바닥에 대못을 박으면 몸무게 때문에 손바닥이 찢겨 십자가에서 떨어질 확률이 높으므로 손목에 못을 박았을 것이라는 의견이 지배적이다. 아마도 먼저 감각운동중추신경인 척골신경(ulnar nerve)이 지나가는 양 손목에 대못을 박아 나무에 몸을 고정했을 것이다. 척골신경은 근육이나 뼈로 보호되지 않은 신경 중에서 가장 크고 손상되기도 쉽다. 따라서 이 부위에 못을 박았을 때의 고통은 어마어마했을 것이다.

그다음에는 예수님의 두 발에서 다리뼈 관절에 인접한 첫째와 둘째 발바닥뼈(metatarsus) 사이에 대못을 박았을 것이다. 이때 내측 족저신경(medial plantar nerve)이 손상당해, 손목에 못을 박았을 때와 마찬가지로 극심한 통증을 겪었을 것이다.

그림4. "세 개의 십자가"(페테르 파울 루벤스, 1620)

십자가에 달리면 몸무게 때문에 팔이 늘어질 수밖에 없다. 예수님은 이미 몸의 피로가 충분히 쌓인 상태라 얼마 지나지 않아 어깨가 탈골되었을 것이다. 이런 식으로 매달린 채 숨을 쉬기 위해서는 팔꿈치를 구부리면서 어깨를 들어 몸을 위로 끌어올려야 하는데, 못이 박힌 발에 체중을 싣는 과정에서 고통은 배가 된다. 또한 손목을 돌려 팔꿈치를 구부리면 신경 손상이 더 심해져 호흡할 때마다 지독한 고통과 산소 부족을 경험하게 된다.

이런 이유로 예수님의 사인을 질식사로 보는 견해도 있다. 십자가형의 고통을 직접 체험해보는 실험을 했을 때 참가자들 역시 호흡부전의 고통을 호소했다.

'고문하다'라는 뜻의 영단어 'excruciate'를 문자 그대로 풀이하면 '십자가로부터'라는 의미다. 십자가의 고통이 얼마나 심했으면 그 고통을 표현하기 위해 새로운 단어를 만들어야 했을까 싶다.

한편 유대인들은 안식일을 더럽히지 않기 위해 안식일이 시작되는 금요일 해질녘 전까지 죄수들을 처치할 것을 요구한다.

십자가형을 끝내는 가장 흔한 방법은 죄수의 다리를 꺾는 것이었는데 이를 위해서는 무릎뼈를 망치로 깨뜨렸을 것으로 추정된다. 그렇게 되면 죄수는 더 이상 몸을 지탱할 수 없어 호흡을 위해 몸을 위로 밀어올리지 못하게 되고, 무릎 주위로 1L 이상의 피가 흘러나와 호흡부전과 빈혈쇼크로 죽게 된다.

그들이 두 강도의 다리를 꺾은 후 예수님께 왔을 때 예수님은 이미 돌아가신 상태였다. 그 결과 시편의 예언처럼 예수님의 뼈는 꺾이지 않았다.

> 그의 모든 뼈를 보호하심이여 그중에서 하나도 꺾이지 아니하도다(시편 34:20).

이때 예수님의 죽음을 확인하기 위해 한 군병이 창으로 옆구리를 찌른다. 확실하지는 않지만 아마도 오른쪽 옆구리와 갈비뼈 사이를 비스듬하게 찔러서 오른쪽 폐와 심장을 관통했을 것이다.

> 그중 한 군병이 창으로 옆구리를 찌르니 곧 피와 물이 나오더라(요한복음 19:34).

"피와 물이 나오더라"는 언급에 관해서도 해석이 분분하다.

이 부분이 심장파열을 뜻한다고 주장하는 사람들은 예수님의 심장이 파열되자 심장을 둘러싸고 있는 심낭으로 피가 흘러나와 적혈구는 아래로 고이고 윗부분에는 맑은 물 성분인 혈청이 모였다고 본다. 혈액이 분리되어 피가 먼저 나온 다음에 물이 나왔다는 것이다. 하지만 이 주장은 출혈 후 시간이 지났을 때 혈액이 피떡처럼 응고되는 현상을 설명하지 못하기에 이에 대한 반론도 많다.

군병이 오른쪽 옆구리를 찔렀을 때 창이 복강, 흉강을 거쳐 심낭, 심장을 순서대로 관통했고, 혈관이 먼저 손상돼 피가 나온 다음 고였던 복수 심낭액이 나온 것이라는 주장도 있다.

헬라어 원문에도 '피와 물'이라는 뜻의 **하이마 카이 휘도르**(αἷμα καὶ ὕδωρ)로 표기되어 있다. '피'를 의미하는 '하이마'라는 단어 다음에 '그리고'라는 의미의 접속사 '카이'가 나오고, 그 후에 '물'이라는 뜻을 가진 '후도르'가 나온다.

사실 '피와 물'이라는 표현이 나온 순서를 의미하는 것인지, 먼저 쓰인 '피'가 더 많이 나왔다는 의미인지 확인할 방법은 없다.

인체가 심각한 흉부 손상을 입으면 갈비뼈와 폐 사이에 약 2L 가량의 '출혈성 유체'가 나타난다는 점 때문에 피가 붉은 혈액과 맑은 혈청으로 분리되었다는 설도 있다.

또한 예수님은 십자가 위에서 호흡수가 점점 잦아들면서 호흡성 산증(respiratory acidosis, 호흡이 억제되어 조직 및 혈중 이산화탄소 농도가 높아지고 혈액이 산성을 띠는 상태)에 빠져 심장박동이 불안정해졌을 것이다. 아마도 예수님께서는 심장이 불규칙하게 뛰는 것을 감지하고는 죽음이 임박했음을 예감하셨을 것이다.

예수께서 큰 소리로 불러 이르시되 아버지 내 영혼을 아버지 손에 부탁하나이다(누가복음 23:46).

그리고 잠시 후 심장이 정지되면서 돌아가셨을 것이다.

심장은 약 205-300g 무게로 주먹만 한 크기의 근육 덩어리로 이루어져 있으며 죽을 때까지 단 한 순간도 멈추지 않는 초강력 펌프와 같다. 우리 몸에서 심장은 1분 동안 평균 72번 뛰면서 총 10만 km에 달하는 전신의 혈관으로 혈액을 순환시킨다. 심장이 3-5분만 정지해도 사망하거나 뇌기능에 영구적인 손상을 입게 된다.

예수님의 부활을 부정하는 사람들 중 일부는 예수님이 십자가에서 살아 있었다는 주장을 펼치기도 한다. 아흐마디야 무슬림들(Ahmadiya Muslims)은 예수님이 인도로 도망쳤다고 믿고 있는데, 예수님이 묻힌 장소라고 추정되는 카슈미르 지방의 스리나가에는 지금도 사원이 세워져 있다. 1929년 D. H. 로렌스는 예수님이 이집트로 도주하여 여사제와 사랑에 빠졌다는 내용의 소설을 쓰기도 했다. '기절론'이라 불리는 이 이론은 1972년 도노반 조이스가 쓴 『예수 두루마리』(*The Jesus Scroll*)라는 책에 다시 등장한다.

하지만 로마 군인이 창으로 예수님의 심장을 찔렀다는 사실에 비추어볼 때 '기절론'은 반박할 가치도 없는 주장임을 알 수 있다.

또한 만약 예수님이 살아서 도망갈 경우 로마 군인들은 자신들의 목숨을 내놓아야 하는데 그들이 그런 위험을 감수하면서까지 예수님의 생사를 확인하지 않았을 리 없다. 그들은 사람을 죽이는데 전문가들이었던 만큼 사람의 생사 여부 또한 정확히 판단할 수 있었을 것이다.

만약 십자가 위에서 기절했다가 무덤에서 다시 살아났다고 하더라도 못이 박혔던 발로 걷고, 탈골된 팔을 사용하고, 창이 찔렸던 허리로 다니는 것은 불가능하다. 제자들이 이런 애처로운 모습의 예수님을 보았다면 과연 예수님이 죽음을 이기신 메시아이심을 선포하고 자신들도 언젠가는 예수님처럼 부활할 몸이 될 것이라는 희망을 품을 수 있었을까?

예수님의 사인(死因)에 대한 의사들의 관심은 끊이지 않는다. 미국 오하이오 주 내과의사 그레그 위트 박사는 "두 팔을 쭉 뻗은 상태에서 손목에 못을 박으면 가슴 근육이 수축, 이완 작용을 할 수 없어 질식사한다"고 주장했고(「경향신문」, 1993. 4. 11.), 이탈리아 토리노 대학교 법의학연구소장인 루이지 보로네 교수는 그의 저서 『예수 최후의 날들』에서 질식사인 경우 통상 죽기 직전에는 도저히 말을 할 수 없다는 점을 근거로 "예수는 십자가에 못 박혀 질식 증상 등으로 고통받았으나 직접사인은 '관상동맥 혈전증'에 의한 심장마비"라고 주장했다(「경향신문」, 1999. 6. 8.). 2006년에는 존 스콧슨이 예수님의 사인에 대한 40개의 문헌을 정리해 분석한 자료가 발표되었다.

하지만 앞서 말했듯이 4복음서의 기록만으로는 예수님의 사인을 추론만 할 뿐 의학적으로 명확하게 설명할 수는 없다. 예수님의 의학적 사인을 정확히 분석하는 일보다 더 중요한 것은 예수님이 우리의 죄 때문에 돌아가셨다는 사실 그 자체일 것이다.

십자가형을 집행할 때 집행자는 주요 혈관이 지나가지 않는 위치에 못을 박기 때문에 죄수는 출혈이 아닌 탈진과 탈수, 호흡곤란 등으로 사망하게 된다. 문헌에 의하면 십자가에 달린 죄수는 보통 몇 시간에서 며칠을 고통당하다 죽는데, 심지어는 그 위에서 일주일을 버틴 죄수도 있었다고 한다. 예수님은 십자가에 달린 지 6시간 만에 돌아가셨다. 물론 심한 매질을 당했기 때문이기도 하겠지만 혹시 독생자의 고통을 차마 볼 수 없었던 하나님의 개입이 있었던 것이 아닐까?

/ 도움말 /

양현숙(건국대학교 의과대학 심장내과 교수), 신제균(건국대학교 의과대학 흉부외과 교수, 목사), 제형곤(부산대학교 의과대학 흉부외과 교수), 이현국(메리놀병원 심장내과 과장), 안병재(침례병원 순환기 내과 전문의), 정윤주(부산대학교 의과대학 외과 교수), 조태용(외과 전문의)

/ 참고자료 /

- 로이드 존스, 트루만 데이비스, 『십자가는 하나님의 입증』(나침반, 2003), 59-83.
- 리 스트로벨, 『예수는 역사다』(두란노, 2002), 251-278.
- "Crucifixion of Jesus," Wikipedia.
- "십자가 사건 고고학, 의학적 재구성", 「국민일보」, 2014. 4. 12.
- "의학적으로 본 예수님의 십자가 고통", Youtube.
- "예수님의 고난에 대한 의학적 견해", Youtube.

/ 그림출처 /

Wikipedia.

2장

물매 돌로 거인 골리앗을
죽이는 일이
정말로 가능했을까?

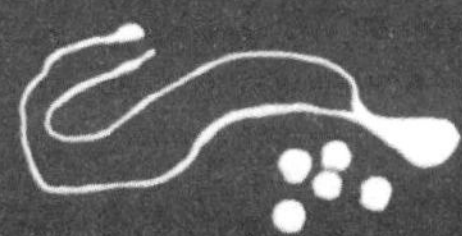

그림1. "다윗과 골리앗"(오스마 쉰들러, 1888)

손을 주머니에 넣어 돌을 가지고 물매로 던져 블레셋 사람의 이마를 치매 돌이 그의 이마에 박히니 땅에 엎드러지니라. 다윗이 이같이 물매와 돌로 블레셋 사람을 이기고 그를 쳐 죽였으나 자기 손에는 칼이 없었더라. 다윗이 달려가서 블레셋 사람을 밟고 그의 칼을 그 칼집에서 빼내어 그 칼로 그를 죽이고 그의 머리를 베니 블레셋 사람들이 자기 용사의 죽음을 보고 도망하는지라 (사무엘상 17:49-51).

골리앗을 물리친 소년 다윗을 생각하면 자연스레 삼국사기에 등장하는 신라의 화랑 관창이 연상된다.

신라가 백제를 침공한 660년 황산벌에서는 신라군과 백제군 사이에 대격전이 벌어졌다. 죽음을 각오한 5천 명의 백제군은 계백장군의 지휘 아래 자신들보다 10배나 많은 병력을 갖춘 신라군을 상대로 4차례의 전투에서 완승을 거두게 된다. 이때 전세를 뒤엎은 사람이 바로 16세 나이의 신라 화랑 관창이었다. 신라 좌장군(左將軍) 김품일의 아들인 그는 어린 나이에도 불구하고 뛰어난 무예 실력을 갖춰 백제와의 전투에 참가할 수 있었다. 관창은 혈혈단신으로 적진에 뛰어들었다가 백제군의 포로가 되는데, 어린 소년의 용맹에 탄복한 계백은 그를 죽이지 않고 살려서 신라군에게로 돌려보냈다. 그러나 관창은 또다시 적진으로 돌진해 용감히 싸우다가 재차 포로가 된다. 이에 계백은 하는 수 없이 그의 목을 벤 후 말안장에 매달아 신라군에게 돌려보냈다. 이때 관창의 분전과 용기에 고무된 신라군은 결사의 각오로 싸워 마침내 백제군을 대파한다. 그후 무열왕은 관창의 용전(勇戰)을 가상히 여겨 급찬

(級飡: 신라 17관등 중의 제9등급) 벼슬을 내리고, 예를 갖추어 장사 지냈다.

> 사울이 다윗에게 이르되 네가 가서 저 블레셋 사람과 싸울 수 없으리니, 너는 소년이요 그는 어려서부터 용사임이니라(사무엘상 17:33).

다윗이 골리앗과 맞서 싸웠을 때 그의 나이가 정확히 몇 살이었는지는 알 수 없다.

사울 왕이 그를 '소년'이라 부르는 것으로 보아 십 대의 청소년이었을 거라고 짐작할 수 있다. 학자들도 대개 약 17세 전후였을 것으로 추정한다. 십 대 소년이 전쟁에 나가 싸우는 일은 역사적으로도 드물지 않았다.

소년병은 십자군, 나폴레옹 전쟁, 미국 남북전쟁, 제2차 세계대전 때도 있었다. 우리나라에서도 소년병(학도병) 2만 9,616명이 한국전쟁에 참전했다고 알려져 있고, 현재 아프리카 분쟁 지역이나 이슬람 과격 단체에도 소년병들이 있다.

다윗과 골리앗의 결투 장소인 엘라(Elah) 골짜기는 역사적으로 매우 유명한 장소다. 유대 고원에 위치한 헤브론과 베들레헴, 그리고 예루살렘을 차지하기 위해서는 반드시 이 지역을 지나야 했다. 때문에 엘라 골짜기에서는 수없이 많은 전쟁이 벌어졌다. 블레셋과 이스라엘의 전투에서 이스라엘 군대는 북쪽 능선을 따라 진지를 만들었을 것이고, 블레셋 군대는 남쪽 능선을 따라 진지를 구축했을 것이다. 따라서 두 군대는 협곡을 사이에 두고 서로 마주 본 채 팽팽하게 맞섰을 것이다. 공격을 하려면 언덕 아래로 내려갔다가 적군이 있는 반대편 능선까지 올라가야 하는데 이것이 쉽지 않다 보니 블레셋은 일대일 대결로 승기를 잡기 위해 골리앗을 계곡 아래로 내려보냈을 것이다. 이런 식의 '일대일 대결'은 기원전 1세기 로마의 역사가 퀸투스 클라우디우스 콰드리가리우스(Quintus Claudius Quadrigarius)가 남긴 갈리아 전사와 로마 티투스 만리우스(Titus Manlius)의 결투 장면에서 알 수 있듯이 고대의 전투에서는 일반적인 관행이었다(이 대결에 대한 해석은 *For the Glory of Rome*[Ross Cowan, 2007] 참고). 그렇다면 과연 물매돌로 이마를 쳐서 사람을 죽이는 것이 가능할까?

물매 돌 이야기를 하기에 앞서 미국 메이저리그에서 있었던 감동적인 일화를 하나 소개하고자 한다.

> 야구선수치고는 왜소한 체격(175cm, 82kg)의 애덤 그린버그는 마이너리그를 거쳐 시카고 컵스에 소속된다. 그리고 2005년 7월 9일, 24세의 나이에 꿈의 무대인 메이저리그에 입성해 플로리다 마린스와의 원정경기에 9회 대타로 출전한다.

하지만 초구에 머리를 맞고 쓰러져 바로 교체되었고, 이후 부상에서 회복하지 못해 팀에서 방출된다. 뇌진탕으로 일상생활이 어려울 만큼 큰 후유증을 겪은 것이다. 그는 이후에도 야구에 대한 꿈을 놓지 않고 마이너리그와 독립리그를 열심히 뛰지만 다시 메이저리그에 부름받지는 못했다. 그의 기구한 사연을 알게 된 컵스의 한 팬은 이를 알리며 역사상 가장 불운했던 메이저리그 타자에게 다시 한 번 타석에 설 수 있는 기회를 주자는 "ONE AT BAT"(한 타석 더 기회를) 라는 캠페인을 벌였다. 이 운동이 사회적인 관심을 끌자 2012년에 그는 하루뿐이지만 플로리다 마린스와 정식 계약을 맺고 다시 메이저리그 타석에 들어서게 된다. 결과적으로 3구 3진으로 물러나기는 했지만 관중들과 선수들은 최선을 다한 그린버그에게 기립박수를 아끼지 않았다.[1)]

그린버그의 경우처럼 헬멧을 쓴 상태에서 사람이 던지는 야구공에 맞아도 상당한 충격을 받을 수 있다. 따라서 골리앗이 투구를 쓰고 있었을지라도 원심력을 이용한 단단한 돌에 맞았을 때의 충격은 메이저리그 투수가 던지는 야구공에 맞는 것보다 더 클 수 있다.

물매(Stone sling)는 가죽이나 섬유질로 만들어진 끈으로 돌을 회전시킨 뒤 원심력을 이용해 던질 수 있도록 고안된 도구다. 두 개의 끈을 잡고 풍차처럼 회전시키다가 적당한 타이밍에 한쪽 끈을 놓으면 돌이 목표를 향해 빠른 속도로 날아가게 된다. 오늘날에는 주로 유목민들 사이에서 이용되고 있다.

정확한 유래는 알려져 있지 않지만 사실 물매는 오래전부터 전장에서 사용되던 무기였다. 이미 청동기 시대부터 고대 근동 및 유럽에서 전투 무기로 널리 애용되었으며 기록에 따르면 불과 4세기 전까지만 해도 전투에서 물매가 사용되었다고 한다.

이에 관한 그리스-로마 시대의 기록도 속속 발견된다. 기원전 401년 그리스는 페르시아와의 전투에서 물매를 사용하는 병사가 부족하여 패배할 위험에 처했다. 아테네 출신의 군인이자 역사가였던 크세노폰은 로도스 섬 군대가 던진 물매 돌이 당시 세계 최고로 여겨지던 궁수들이 쏜 화살보다 멀리 날아갔다고 기록했다.

그렇다면 물매 돌의 위력은 과연 어느 정도였을까?

이스라엘 방위군의 탄도학 전문가인 에이탄 허시는 1995년에 흥미로운 자료를 발표했다.

> 시체와 하이브리드 시뮬레이션 모델을 활용한 실험에서 초속 370m의 속도로 발사된 지름 6.35mm의 강철 발사체가 두개골의 두정부에 닿았을 때, 72줄(Joule)의 충격 에너지면 두개골에 구멍을 내기에 충분한 것으로 나타났다. 발사체는 두개골에 구멍을 내지 않더라도 전

두골의 일부를 부숨으로써 함몰성 두개골 골절을 일으키거나, 강력한 충격으로 사람을 의식불명에 빠뜨릴 수도 있다. 이러한 충격은 두개골 앞쪽 부위의 혈관과 뇌 조직을 압박한다.…이러한 효과를 내기 위해 필요한 충격 에너지는 약 20-40줄이다.[2)]

허시는 『다윗과 골리앗』(21세기북스, 2014)에서 다음과 같은 일화를 밝히기도 했다.

강연 다음날 한 참석자가 내게 와서는 결투가 벌어진 지역의 개천에서 질량 밀도가 4.2g/cc인 중정석 돌(일반 돌의 평균은 대략 2.4g/cc)을 찾을 수 있었다고 말했습니다. 만약 다윗이 이 돌을 골리앗에게 썼다면 전투에서 상당히 유리한 고지를 점할 수 있었을 것입니다.[3)]

기네스북에 등재된 기록에 따르면 1981년에 래리 브레이(Larry Bray)라는 사람은 130cm 길이의 물매를 사용해 무게 52g의 돌을 무려 437m나 날려 보냈다고 한다. 야구공에 맞아 뇌진탕으로 쓰러지거나 골절, 안면부 함몰 같은 끔찍한 부상을 입는 야구 선수들의 사례를 통해서도 간접적으로나마 물매 돌의 위력을 느낄 수 있다. 실제로 그리스 의사 셀시우스는 물매 돌에 맞은 군사의 몸에 박힌 돌이나 납덩이 등을 제거하기 위한 방법과 처방을 상세히 기록한 바 있다. 물매는 상대가 갑옷이나 투구를 쓰고 있는 상황에서도 매우 효과적인 무기였다. 따라서 골리앗과 맞섰을 당시 다윗의 나이를 혈기 넘치는 십 대 후반이라고 가정한다면 그 위력은 상당했을 것이다.

게다가 다윗은 단번에 골리앗의 얼굴을 명중시킬 만큼 물매 돌을 다루는 솜씨가 뛰어났다. 다윗 시대 이전에 기록된 사사기에도 다윗에 버금가는 훌륭한 명사수들이 등장한다.

> 이 모든 백성 중에서 택한 칠백 명은 다 왼손잡이라. 물매로 돌을 던지면 조금도 틀림이 없는 자들이더라(사사기 20:16).

로마 역사가 리비우스의 기록에 따르면 최고의 물매 돌 전문가들은 에게 해 주민들로, 이들은 얼굴의 특정 부위까지도 정밀하게 타격할 수 있었다고 한다. 물론 이러한 기술을 습득하기 위해서는 장기간의 훈련과 피나는 노력이 필요했다. 로마 군사 역사가 베제티우스의 기록에 따르면, 에게 해 발레아레스 제도의 주민들은 어릴 때부터 어머니가 막대기 위에 올려놓은 빵 조각을 물매 돌로 맞춰 떨어뜨려야만 식사를 할 수 있었다고 한다. 이 같은 노력을 통해 길러진 투석병들이 이후 수천 년간 로마군의 최정예 부대에서 활약했다. 다윗 역시 골리앗과의 결전에 앞서 이미 사자나 곰을 물매 돌로 상대한 경험이 있을 정도로 숙련된 사수였다.

> 다윗이 사울에게 말하되 주의 종이 아버지의 양을 지킬 때에 사자나 곰이 와서 양 떼에서 새끼를 물어가면 내가 따라가서 그것을 치고 그 입에서 새끼를 건져내었고 그것이 일어나 나를 해하고자 하면 내가 그 수염을 잡고 그것을 쳐죽였나이다(사무엘상 17:34-35).

본문대로라면 다윗은 돌로 짐승을 맞혀 죽이거나 기절시켰을 것이다. 35절을 보면 돌로 직접 죽였다기보다는 기절시켰을 가능성이 크다.

다윗이 믿음으로 골리앗을 상대한 것은 사실이지만 그렇다고 해서 젊은 혈기 하나로 무작정 전투에 나선 것은 아니다. 다윗은 양을 치면서 사자와 곰의 습격을 무수히 받았지만 그때마다 돌멩이를 던져서 그들을 물리치고 양떼를 지켰다. 그러면서 단련된 강인한 체력과 경험 덕분에 그가 내딛는 믿음의 발걸음은 한결 더 가벼웠을 것이다.

말콤 글래드웰(Malcolm Gladwell)은 그의 베스트셀러 『다윗과 골리앗』에서 다윗이 승리할 수 있었던 이유는 통상적인 방식에 따라 백병전으로 결투를 치르려던 골리앗을 상대로 일정 거리를 유지하면서 투석전을 펼쳤기 때문이라고 기술하고 있다. 이것은 당시 보편적이었던 일대일 대결의 패러다임을 깬 혁명적 전술이었다. 역사학자 로버트 도렌웬드(Robert Dohrenwend)는 "다윗과 골리앗의 맞대결은 칼로 무장한 청동기 시대의 전사와 45구경 자동 권총을 가진 적의 싸움과 같았다"라고 적기도 했다.

1967년 '6일 전쟁'에서 이스라엘에 기적적인 승리를 안긴 전 이스라엘 국방부 장관 모셰 다얀(Moshe Dayan)도 그의 에세이에서 비슷한 이야기를 했다.

> 골리앗과 싸운 다윗은 적보다 우세한 무기를 지니고 있었다. 그의 위대함은 자신보다 강한 적을 상대로 싸우기로 한 것이 아니라 약자로서 자신의 장점을 파악하고 무기를 적절히 활용해 더욱 강해졌다는 데 있다.

다윗과 골리앗의 싸움이라고 하면 흔히 턱없이 강한 상대와의 대결을 떠올리는데 이는 사실과 다르다. 다윗은 어떤 이들의 생각처럼 아무런 준비 없이 신앙만으로 무작정 밀어붙이는 사람이 아니라 전술과 전략에 능한 사람이었다. 그가 이후 이스라엘 편에서서 참가한 전쟁에서 연전연승한 이유가 여기에 있다.

이제 골리앗에 대해 이야기해보려 한다. 골리앗은 방패를 든 보조병과 함께 계곡을 걸어 내려온다.

그 창 자루는 베틀 채 같고 창 날은 철 육백 세겔이며 방패 든 자가 앞서 행하더라(사무엘상 17:7).

블레셋 사람이 방패 든 사람을 앞세우고 다윗에게로 점점 가까이 나아가니라(사무엘상 17:41).

고대의 전투에서 궁수는 활과 화살을 쥐느라 다른 장구를 손에 들 수 없기 때문에 전투에 나설 때면 반드시 방패 운반병과 함께 움직였다. 그런데 일대일 결투를 하러 나온 골리앗이 방패를 운반하는 보조병의 도움을 받은 이유는 무엇일까?

이스라엘의 신경학자 블라디미르 베르기너는 골리앗의 방패를 나르던 군인에게 주목했다.

따라서 우리는 블레셋 사람들이 시각장애를 가지고 있던 골리앗의 평판이 깎이지 않도록 그를 안내하는 역할을 한 사람을 '방패 운반병'이라는 완곡한 직함으로 불렀던 것으로 추정한다. 블레셋 사람들은 그의 진짜 역할을 위장하기 위해 그에게 방패를 운반하도록 했을 것이다.[4)]

과연 베르기너의 말대로 골리앗이 방패 보조병의 도움을 받아야 했던 진짜 원인이 시력장애 때문이었을까? 골리앗은 키가 여섯 규빗 한 뼘(규빗은 팔꿈치에서 손가락 끝까지의 길이로, 시대와 지역별 편차는 있지만 보통 약 45cm로 본다. 따라서 골리앗의 키는 약 2.7m로 추정된다. 사무엘상 17:4)이나 되는 거인이었다.

많은 의학자들은 골리앗이 힘은 셌지만 전반적인 건강 상태가 나빴을 것이라고 추측한다. 그의 외모는 흡사 말단비대증(acromegaly) 환자를 연상시킨다.

말단비대증이란 성장 호르몬의 과잉 분비로 인해 신체 말단의 뼈가 과다 증식하는 질환으로, 여러 합병증을 수반한다. 이 병의 원인은 다양하지만 뇌하수체 종양이 성장호르몬 분비를 촉진시켜 발생하는 경우가 가장 많다.

말단비대증 환자의 신체적 특징으로는 돌출된 앞이마, 튀어나온 턱, 불규칙한 치열을 들 수 있다. 손과 발의 크기가 커지는 것도 이 질병의 증상 중 하나인데, 이러한 변화는 서서히 일어나기 때문에 알아차리기가 쉽지 않다. 성장판이 닫히지 않은 소아에게 말단 비대증이 발생할 경우 키가 비정상적으로 커지는 거인증이 나타날 수 있다.

또한 성장 호르몬은 인슐린에 대해 길항작용(상반되는 두 가지 요인이 동시에 작용하여 그 효과를 서로 상쇄시키는 작용)을 나타내기 때문에 당뇨병이나 심혈관계 질환이 생기기도 한다. 만약 거구의 골리앗이 평소 과식을 일삼았다면 혈당조절에 문제가 생겨 분명히 당뇨 합병증을 앓았을 것이다. 그리고 골리앗이 당뇨 합병증을 앓았다면 심각한 시력 문제를 겪었을 가능성이 있다. 당뇨 합병증 중 가장 큰 증상은 망막혈관 손상으로 인한 시력 저하다.

또한 말단비대증의 가장 흔한 원인인 뇌하수체 종양이 시신경을 압박할 경우 시야장애가 나타날 가능성도 매우 높다. 만약 골리앗이 뇌하수체 종양과 당뇨망막증을 함께 앓았다면, 시력과 시야 장애로 보조병의 도움 없이는 상대에게 접근하기 힘들었을 것이다. 따라서 베르기너의 주장은 상당히 설득력이 있다.

골리앗의 시력이 나빴다는 사실은 사무엘서에서도 드러난다.

> 블레셋 사람이 방패 든 사람을 앞세우고 다윗에게로 점점 가까이 나아가니라. 그 블레셋 사람이 둘러보다가 다윗을 보고 업신여기니 이는 그가 젊고 붉고 용모가 아름다움이라(사무엘상 17:41-42).

골리앗은 방패 보조병의 도움을 받으면서 앞으로 나와 다윗을 가까이에서 보고 나서야 그가 소년이라는 사실을 알아차렸다. 다윗은 몸에 익숙하지 않다는 이유로 사울 왕이 친히 하사한 투구와 갑옷을 벗은 상태였기 때문에 정상적인 시력을 가진 사람이라면 당연히 멀리서도 다윗의 나이를 알 수 있었을 것이다.

뿐만 아니라 다윗이 준비해간 막대기는 하나였는데, 골리앗은 다윗의 막대기를 여러 개로 보았다는 대목도 있다. 이 부분을 한글 성경 개역개정에서는 단수로만 번역했지만, 영어 성경 NIV에서는 단수와 복수로 다르게 번역했다.

손에 막대기를 가지고(Then he took his **staff** in his hand, 사무엘상 17:40).

블레셋 사람이 다윗에게 이르되 네가 나를 개로 여기고 막대기를 가지고 내게 나아왔느냐 하고(He said to David, "Am I a dog, that you come at me with **sticks**?", 사무엘상 17:43).

히브리어 원문에도 막대기를 뜻하는 마켈(מקל)이라는 단어가 40절에는 단수 형태 마켈(מקל)로, 43절에는 복수 형태 마켈롯(מקלות)으로 기록되어 있다.

시력이 나쁜 사람이 멀리 있는 사물을 흐릿한 두 개의 물체로 보는 것은 흔한 일이다.

그 블레셋 사람이 또 다윗에게 이르되 내게로 오라(사무엘상 17:44).

골리앗의 시력이 나빴다면, 45kg이 넘는 갑옷을 입은 채로 서서 결투 상대를 기다리며 백병전을 준비하고 있던 그를 상대로 명사수 다윗이 이마를 돌로 맞추기는 식은 죽 먹기였을지도 모른다. 골리앗은 다윗이 날린 물매 돌을 보지 못해 돌을 피할 수 없었을 것이기 때문이다.

스탠리 스프레처는 저명한 의학잡지 *Radiology*(1990. 7.)에 보낸 서신에서 아래와 같이 주장했다.

> 골리앗의 큰 몸집은 뇌하수체 선종으로 인한 말단비대증 때문이었음이 틀림없다. 뇌하수체 선종이 시신경교차를 압박함으로써 시야 장애를 일으킬 정도로 컸기 때문에 골리앗은 그의 주위를 맴도는 젊은 다윗을 쫓아갈 수 없었다. 돌은 얇은 전두골(frontal bone)을 뚫고 골리앗의 두개강 안으로 들어갔다. 이는 말단비대증 환자에게 흔히 나타나는 앞쪽 부비강 확대(frontal bossing) 때문이다. 돌은 골리앗의 확대된 뇌하수체에 박혀 뇌하수체 출혈(pituitary apoplexy)을 일으켰으며, 이는 경막하 헤르니아(subdural hernia)와 사망으로 이어졌다.

뇌는 아주 부드럽고 섬세한 조직이기 때문에 단단한 뼈인 두개강(skull)에 둘러싸여 보호받고 있다. 그중에서도 특히 이마 부분에 해당하는 전두골의 강도가 가장 높은데 말단비대증 환자는 전두동(frontal sinus)이 확대되어 이 전두골이 매우 얇다.

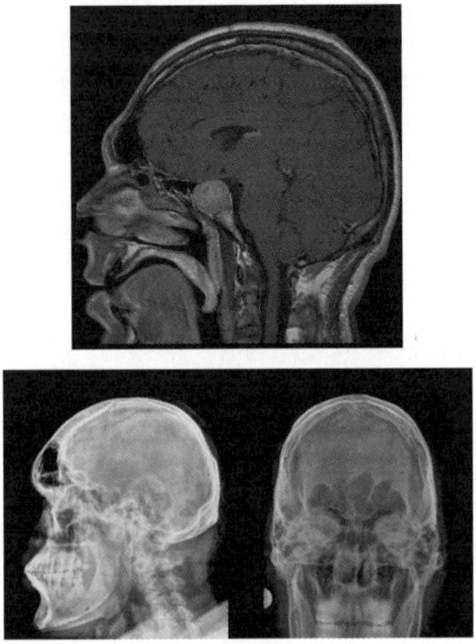

그림2. 말단비대증 환자의 특징인 얇은 전두골을 볼 수 있는 사진

49절에 있는 "박히니"라는 말의 히브리 원문은 "**티트바아**"(תטבע)인데, '들이박다', '파고(쑤시고) 들어가다'라는 뜻이다(『게제니우스 히브리어 아람어 사전』).

물론 "두개강 안으로 들어간 돌이 뇌하수체 출혈을 일으키고 이어 경막하 헤르니아와 사망으로 이어졌다"는 스프레처의 주장에는 다소 무리가 있다. 하지만 골리앗의 전두골이 얇아진 상태에서 돌에 맞았다면 각도와 이마의 부위에 따라 물매 돌이 전두골을 뚫고 들어가는 것이 전혀 불가능한 일만은 아니다.

한편 다른 히브리어 사전을 보면 49절에 나오는 "박히니"라는 히브리 원문의 '**티트바아**'(תטבע)라는 단어에는 '찍히다', '주조되다'라는 의미도 있다. 이 단어는 '동전을 주조하다', '화폐가 찍히다'라는 문장에서 사용되는데, 이런 뜻으로 해석하면 돌이 이마에 박혀 있었다기보다는 강하게 찍힌 것으로 볼 수 있다. 그렇다면 돌이 전두골을 뚫고 들어간 것이 아니라 돌에 맞은 골리앗이 정신을 잃고 쓰러졌다는 말이 된다.

돌이 전두골을 뚫고 들어가지 않더라도 머리에 강한 충격을 받았다면 잠시 정신을 잃을 수 있다. 이런 뇌진탕 증상은 두개강 안에서 흔들린 뇌가 일시적으로 기능을 중단했다가 몇 분 내로 완전히 회복되는 가역성 뇌손상에 속한다. 따라서 물매 돌이 골리앗의 뇌에 뇌진탕 현상을 일으켰을 가능성은 충분하다.

본문을 자세히 보면 죽였다는 단어가 두 번 나온다. 50절에서 "다윗이 그를 돌로 쳐 죽였다"고 한 다음 51절에도 "칼로 그를 죽였다"는 말이 나온다. 골리앗이 돌에 맞아 죽었다면 51절에 나온 것처럼 구태여 칼로 다시 죽여 머리를 벨 필요가 있었을까?

2.7m의 장신이 이마에 돌을 맞고 쓰러졌다면 머리가 땅에 강하게 부딪혔을 것이고, 이때 뇌에 돌을 맞았을 때보다 더한 2차 손상이 일어났을 확률이 높다. 돌이 전두골을 뚫고 들어갔건, 돌에 맞은 뒤 뇌진탕으로 넘어지면서 2차적으로 뇌출혈이 발생했건

간에 즉사하는 경우는 드물고 대개 의식이 없는 상태로 어느 정도 시간이 흐른 뒤에 죽는 경우가 대부분이다. 다윗이 땅에 쓰러진 골리앗을 칼로 다시 죽였던 것은 그러한 이유에서였을 것이다.

50절의 "쳐 죽였다"는 표현은 돌에 맞아 쓰러진 골리앗에 대한 기술로 보이며, 51절의 "칼로 죽였다"는 것은 직접 사인에 대한 기술로 보인다.

물매 돌에 맞아 죽은 골리앗의 이야기는 전술적인 면에서나 의학적인 면에서 모두 타당하며, 성경의 표현도 당시의 의학 수준에 비추어볼 때 매우 정확한 기술로 보인다.

/ 도움말 /

김상대(고려대학교 의과대학 신경외과 교수), 박우민(신경외과 전문의), 노창래(가톨릭대학교 의과대학 안과 교수), 나원균(영상의학과 전문의), 박상우(전남대학교 의과대학 안과 교수)

/ 주 /

1) www.oneatbat.com
2) "David's Choice: A Sling and Tractional Advantage," *International Symposium on Ballistics*(May 21-24, 1995).
3) 말콤 글래드웰, 『다윗과 골리앗』(21세기북스, 2014), 17-30.
4) 위의 책, 328-330.

/ 참고자료 /

- Vladimir Berginer and Chaim Cohen, *The Nature of Goliath's Visual Disorder and the Actual Role of His Personal Bodyguard*(Ancient Near Eastern Studies 43, 2006).
- 한국창조과학회, 『정확무오한 성경』(세창미디어, 2011), 101-102.
- 『신경외과학』, 대한신경외과학회.

/ 그림출처 /

Wikipedia.

3장

사울은
왜
실명했을까?

그림1. "바울의 회심"(지오다노 낸시, 1690)

사울이 길을 가다가 다메섹에 가까이 이르더니 홀연히 하늘로부터 빛이 그를 둘러 비추는지라. 같이 가던 사람들은 소리만 듣고 아무도 보지 못하여 말을 못하고 서 있더라. 사울이 땅에서 일어나 눈은 떴으나 아무것도 보지 못하고 사람의 손에 끌려 다메섹으로 들어가서 사흘 동안 보지 못하고 먹지도 마시지도 아니하니라(사도행전 9:3, 7-9).

바울은 다메섹 사건을 겪고 회심하기 전까지는 예수님을 믿는 사람을 잡아들이는 박해자였다. 정통 유대인답게 그는 구약성경에 계시된 메시아를 기다리는 가운데 율법을 목숨보다 귀히 여기며 살았다. 아마도 그는 예수님이 구세주이심을 철저히 부정하고 예수님의 부활을 믿는 기독교인들을 이단으로 정죄하고 잡아들이는 것을 종교적인 사명으로 여겼을 것이다.

하지만 다메섹 사건을 계기로 바울은 열혈 그리스도인으로 탈바꿈하여 일생 동안 이방 민족에게 예수님을 전하기 위해 애썼고 그 결과 신약성경의 절반 가까이를 집필하게 된다. 그의 탁월한 헌신 덕분에 이스라엘을 넘어 아시아와 유럽까지 복음이 전해질 수 있었다. 오늘날 유럽이나 미국과 같은 기독교 문화권에서 바울의 영향력은 엄청나다. 바울의 영어 표기인 폴(Paul)이라는 이름을 어디서든 찾아볼 수 있으며, 세계 곳곳에 그를 기념한 성당들이 웅장한 자태를 뽐내고 있다.

바울을 회심시킨 다메섹 사건은 사도행전 9장, 22장, 26장에 각각 한 번씩 총 세 차례에 걸쳐 기록되어 있는데, 바울은 이때 사흘 동안 아무것도 보지 못했다고 한다. 과연 바울을 회심하게 한 이 극적인 사건을 의학적으로 어떻게 설명할 수 있을까?

많은 화가들이 다메섹 사건을 주제로 한 그림을 그렸고, 심지어 무신론자들도 다메섹 사건에 대해서 많은 관심을 보인다. 1987년에 랜스보러프(D. Landsborough)는 미국의 저명한 신경과학 전문지 「신경학·신경외과학·정신의학 저널」(*Journal of Neurology, Neurosurgery and Psychiatry*)에 "바울과 측두엽 간질"(St. Paul and Temporal Lobe Epilepsy)이라는 제목의 논문을 게재했다. 그는 바울이 강한 빛을 본 다음 몸의 균형을 잃고 말에서 떨어진 것은 측두엽 간질(temporal lobe epilepsy)에 의한 발작 때문이었을 것이라 추측하며, 실명은 발작 이후 나타날 수 있는 증상 중 하나라고 설명했다.

이듬해인 1988년에 나온 같은 저널에는 이를 반박하는 논문이 실렸다. 의학자 제임스 브로슨과 케이틀린 브루어(James R. Brorson and Kathleen Brewer)는 사도행전을 살펴보면 간질발작이라는 설에 걸맞지 않은 점들이 많이 발견된다고 주장했다. 바울은 동료와 함께 소리를 듣고, 빛을 보고, 땅에 엎드렸다.

> 같이 가던 사람들은 소리만 듣고 아무도 보지 못하여 말을 못하고 서 있더라(사도행전 9:7).

그림2. "바울의 회심"(미켈란젤로 부오나로티, 1542-1545)

나와 함께 있는 사람들이 빛은 보면서도 나에게 말씀하시는 이의 소리는 듣지 못하더라(사도행전 22:9).

우리가 다 땅에 엎드러지매 내가 소리를 들으니 히브리 말로 이르되 사울아 사울아 네가 어찌하여 나를 박해하느냐 가시채를 뒷발질하기가 네게 고생이니라(사도행전 26:14).

해당 논문의 요지는 다음과 같다.

> 대뇌피질 이상에 따른 실명의 두드러진 특징은 실명을 인지하지 못하는 증상과 기억상실이다. 그러나 바울에게는 이런 증세가 나타나지 않았다. 또한 간질발작으로 실명한 경우에는 회복 속도가 느린 데 반해 바울의 시력은 갑자기 회복되었다. 사도행전에는 간질 발작에 대한 언급이 전혀 없다. 당시에는 발작을 귀신들린 자의 표징으로 여겼기 때문에 만일 발작이 바울의 실명 원인이었다면 그는 종교 지도자로 받아들여지지 못했을 것이다.

1987년 발표된 랜스포러프의 논문은 영적 체험을 보는 무신론 과학자들의 시각을 그대로 보여준다. 현대 의학에서는 방언, 환상 등의 영적 체험을 감정중추가 있는 뇌의 측두엽 이상이나 정신병 증세로 설명한다. 이듬해에 나온 반박 논문의 저자는 아마도 기독교인이 아닐까 싶다.

이렇듯 같은 과학자라 하더라도 그가 무신론자냐 기독교인이냐에 따라 성경을 바라보는 시선은 완전히 다를 수밖에 없다. 나와 같은 크리스천 의학자들과 과학자들은 성경에 나와 있는 영적인 현상과 기적을 믿는다. 따라서 필자는 바울이 체험했던 엄청난 빛과 소리도 실체가 있었다고 본다. 안과 의사의 입장에서 볼 때 바울이 햇빛보다 더 강한 빛을 본 후 실명한 것은 일광망막병증과 광각막결막염이 동시에 발생했기 때문일 가능성이 높다. 이와 유사한 주장이 저명한 안과 저널인 「안과학」(*Ophthalmology*) V. 85(1978, 1044-53)에 실린 적도 있다.

일광망막병증(solar retinopathy)은 태양광처럼 강한 빛을 본 뒤 눈 안쪽에 있는 망막에 이상이 생겨 시력이 감퇴하는 병을 말한다. 이는 종교적인 이유로 장시간 태양을 주시하거나 일식을 맨눈으로 보았을 때 발생하는 질환으로 감퇴된 시력이 상당히 오랜 기간 동안 유지되지만 시간이 지나면 대부분 원상태로 돌아온다. 우리나라에서는 대단히 희귀한 병이라 17년째 안과 의사로 근무 중인 필자도 아직까지 직접 본 환자는 1명뿐이다. 다메섹에서 바울에게 일어난 현상에 대해 한창 고민하고 있던 2014년 3월에 나는 이 증세를 가진 환자를 만났다. 당시 57세였던 환자는 전기 공사 중에 순간적으로 강한 스파크를 본 뒤 통증과 눈부심 때문에 눈을 뜨지 못해 동료의 부축을 받아 병원에 왔다.

순간 필자는 바울이 다메섹에서 겪었던 일을 머릿속에 떠올렸다. 바울은 그 환자가 경험한 것과는 비교할 수 없이 강한 빛을 보고는 상상조차 어려울 만큼 심한 고통과 시력장애를 겪었을 것이다.

바울이 강한 빛에 노출되고 주님의 음성을 들은 뒤 실명하여 사흘 동안 아무것도 먹지 못한 데는 철통같은 종교적인 신념이 한 순간에 뒤바뀌면서 정신적 충격을 받은 탓도 있었겠지만 극심한 통증과 눈부심도 상당 부분 영향을 미쳤을 것이다.

광각막결막염(photokeratoconjunctivitis)은 산악인들이 흔히 설맹(Snow blindness, 雪盲)이라 부르는 질환으로, 자외선에 의한 각막 화상을 뜻한다. 우리가 태양을 일부러 정면에서 보지 않는 한 머리카락과 눈썹의 차양 효과, 그리고 머리의 각도 조절을 통해 직사광선을 차단할 수 있다. 그러나 설원에 반사된 빛은 태양의 방향과 관계없이 사방으로 퍼지기 때문에 그대로 각막에 노출되어 화상을 일으킬 가능성이 높다.

이 병은 히말라야 산을 등반한 사람들에게서 종종 발생하는데, 우리나라에서는 산악인 엄홍길 대장이 설맹에 걸린 대원을 데리고 산에서 내려와 그의 목숨을 살린 일화가 언론을 통해 보도되면서 일반 대중에게 알려졌다.

사실 설맹은 매우 드문 질환이지만, 광각막결막염은 보호구 없이 용접을 하거나 자외선 소독기에 눈이 노출된 환자에게 많이 생긴다. 광각막결막염은 잠을 이룰 수 없을 정도의 통증과 눈을 뜰 수 없을 만큼의 많은 눈물이 나는 증상을 동반한다. 이런 점으로 미루어볼 때 바울은 엄청나게 강한 빛을 본 후 각막의 광각막결막염과 망막의 일광망막병증을 함께 겪었을 확률이 높다. 그렇다면

"즉시 사울의 눈에서 **비늘 같은 것이 벗어져** 다시 보게 된지라. 일어나 세례를 받고"라는 사도행전 9:18 말씀에 나온 비늘의 정체는 도대체 무엇이란 말인가?

헬라어 원문에는 **"레피스"**(λεπίς)라고 기록되어 있는데, 이것은 **물고기 비늘**을 뜻한다. 이 비늘의 정체를 놓고 많은 안과 의사들과 이야기를 나누어보았지만 아직까지 명확한 답은 얻지 못했다. 어떤 의사는 각막 화상으로 생긴 각막상피의 혼탁이 치유과정에서 벗겨진 것(낙설, desquamation)이라고 해석했는데, 그의 주장에도 일리가 있다. 낙설은 상피가 재생되면서 손상받은 기존의 상피가 벗겨지는 현상으로 주로 피부와 눈에서 일어난다. 단언할 수는 없지만 내 소견으로는 이 가설도 가능성이 높아 보인다.

우리가 잘 알다시피 바울은 육체의 가시로 인해 상당한 고통을 겪었다.

> 여러 계시를 받은 것이 지극히 크므로 너무 자만하지 않게 하시려고 내 육체에 가시 곧 사탄의 사자를 주셨으니 이는 나를 쳐서 너무 자만하지 않게 하려 하심이라(고린도후서 12:7).

사도행전을 쓴 의사 누가가 바울이 죽기 전까지 계속 그의 곁에 있었던 것은 이러한 이유 때문이었을 것이다. 여기서 바울을 괴롭혔던 육체의 가시는 대체 무엇이었을까?

학자들은 두통, 간질, 심한 안질, 혹은 유대인들의 조직적 핍박 등을 바울이 겪었던 고통의 원인으로 지목한다. 한편 존 비비어는 그의 저서 『친밀감』(순전한나드, 2011)에서 바울의 가시는 특정 질병이 아닌 아담의 죄 이후 인간에게 내재된 보편적인 무능력이라고 주장하기도 했다.

하지만 바울의 가시로 가장 많이 언급되는 것은 심한 안질이다.

> 너희가 할 수만 있었더라면 너희의 눈이라도 빼어 나에게 주었으리라(갈라디아서 4:15).

만약 바울이 각막에 심한 손상을 입었다면 반복각막진무름(recurrent corneal erosion) 현상으로 고통 받았을 수 있다. 연세대학교 안과 홍영재 교수는 바울의 가시가 다메섹 사건 때 발생한 눈 손상에 의한 반복각막진무름이라는 의견을 낸 바 있다.

이 병은 주로 외상에 의해 각막상피가 짓물러 벗겨지고 재생되는 과정이 반복되는 병으로 칼로 베는 듯한 고통을 수반한다. 지금도 많은 환자들이 이 병으로 고통받고 있으나 안타깝게도 이 병은 현재도 치료가 어렵다. 만약 바울이 이 질환을 앓고 있었다면 선교 여행으로 피로한 와중에 스트레스를 받을 때마다 병이 재발해 만성적인 고통에 시달렸을 것이다.

> 이것이 내게서 떠나가게 하기 위하여 내가 세 번 주께 간구하였더니. 나에게 이르시기를 내 은혜가 네게 족하도다. 이는 내 능력이 약한 데서 온전하여짐이라 하신지라(고린도후서 12:8-9).

일광망막병증과 광각막결막염을 함께 치료하기 위해서는 눈에 들어오는 빛을 차단하고 각막상피를 재생시켜야 한다. 이를 위해서는 눈을 감고 거즈를 붙이거나 치료용 콘택트렌즈를 착용한 상태에서 신체적·심리적 안정을 취해야 한다. 실제 치료법으로는 치료용 콘택트렌즈를 눈에 삽입하여 통증을 완화하고 손상된 각막상피의 재생을 돕는 방식이 가장 많이 쓰인다. 손상된 각막이 회복된 후에는 치료용 렌즈를 제거하면 된다.

치료용 콘택트렌즈의 외형은 일반적인 소프트 콘택트렌즈와 거의 유사하다. 아마도 이것을 비늘 같다고 표현한 것은 아닐까? 하나님이 바울의 눈을 보호하기 위해 치료용 렌즈 역할을 하는 물체를 바울의 눈에 넣어주신 것은 아닐까? 짙은 색깔의 치료용 렌즈가 빛을 효과적으로 차단함으로써 손상된 망막을 보호했다면 이것이 벗겨지면서 바울의 눈은 비로소 회복되었을 것이다.

전지전능하신 하나님이 세상 만물의 이치 속에 개입하심을 고려한다면 하나님이 바울에게 인류 최초의 치료용 콘택트렌즈를 선물했을 거라는 상상을 해볼 수도 있을 것 같다. 물론 이것은 순전히 내 상상이다.

많은 성경학자들은 바울의 시력이 매우 나빴을 것이라고 추정한다.

> 내 손으로 너희에게 이렇게 큰 글자로 쓴 것을 보라(갈라디아서 6:11).

이러한 이유로 성경학자들은 바울 서신 중 바울이 직접 쓴 것은 갈라디아서뿐이고(갈라디아서 6:11을 근거로), 나머지 서신들은 모두 바울이 구술한 것을 대필자가 받아 적은 것으로 본다.

로마서는 아예 대필자의 존재를 밝히고 있다.

> 이 편지를 기록하는 나 더디오도 주 안에서 너희에게 문안하노라(로마서 16:22).

또한 바울은 편지 말미에 '친필로 문안하다'라는 말을 많이 썼는데, 이것은 당시 대필자가 편지를 써도 마지막 부분은 발신자가 직접 자기 이름 혹은 한 문장 정도를 '친필로' 써서 마무리했던 것을 가리킨다. 오늘날 컴퓨터로 편지를 쓴 후에 친필 서명으로 마무리하는 것과 같은 방식인 셈이다.

나 바울은 친필로 너희에게 문안하노니(고린도전서 16:21).

나 바울은 친필로 문안하노니 내가 매인 것을 생각하라. 은혜가 너희에게 있을지어다(골로새서 4:18).

나 바울은 친필로 문안하노니 이는 편지마다 표시로서 이렇게 쓰노라(데살로니가후서 3:17).

바울의 시력이 나빴던 것이 다메섹 사건의 후유증인지 아닌지는 확실치 않지만, 둘 사이에는 큰 관련이 있어 보인다.

로마서, 고린도전후서, 갈라디아서, 에베소서, 빌립보서, 골로새서, 데살로니가전후서, 디모데전후서, 디도서, 빌레몬서, 히브리서(히브리서는 작자미상이나 바울이 남긴 기록이라는 설이 많아서 바울 서신 중 마지막에 배치되어 있다)가 모두 바울의 서신이다. 게다가 바울은 그의 최측근인 누가가 쓴 누가복음과 사도행전에도 많은 영향력을 미쳤다. 특히 사도행전은 바울의 선교를 중심으로 쓰인 책이기 때문에 사실상 바울의 이야기라 해도 과언이 아니다. 안질과 시력 저하에 시달리며 힘들게 사역했을 바울을 떠올리면 바울의 서신들을 읽는 감회가 새롭다. 바울이 고통 속에서 남긴 기록들이 오늘날까지 전해져 믿음의 후손들을 밝게 비추는 '신앙의 등불'이 된 것이다.

/ 도움말 /

홍영재(전 연세대학교 의과대학 안과 주임교수), 노창래(가톨릭대학교 의과대학 안과 교수), 장용익(안과 전문의), 박상우(전남대학교 의과대학 안과 교수)

/ 그림출처 /

Wikipedia.

4장

예수님은 왜

벳새다 맹인에게

두 번이나

안수하셨을까?

그림1. "두 소경을 고치시는 예수 그리스도"(니콜라 푸생, 1650)

벳새다에 이르매 사람들이 맹인 한 사람을 데리고 예수께 나아와 손 대시기를 구하거늘 예수께서 맹인의 손을 붙잡으시고 마을 밖으로 데리고 나가사 눈에 침을 뱉으시며 그에게 안수하시고 무엇이 보이느냐 물으시니, 쳐다보며 이르되 사람들이 보이나이다 나무 같은 것들이 걸어가는 것을 보나이다 하거늘, 이에 그 눈에 다시 안수하시매 그가 주목하여 보더니 나아서 모든 것을 밝히 보는지라(마가복음 8:22-25).

일반인들은 그냥 지나쳤을 수도 있겠지만 안과 전문의인 필자로서는 마가복음 8:25의 "다시 안수하시매"라는 구절을 읽고 온몸에 소름이 돋았다. 맹인의 눈을 뜨게 하기 위해 예수님이 안수를 두 번 하셨다는 데에는 의학적으로 너무나 심오한 뜻이 담겨 있기 때문이다.

볼 수 있다는 것은 크나큰 축복이다. 보지도 듣지도 말하지도 못했던 헬렌 켈러(Helen Adams Keller)는 53세 때 "사흘만 볼 수 있다면"(Three Days To See)이라는 제목의 에세이에서 볼 수 있다는 것이 얼마나 큰 축복인지에 대해 말했다. 이 글은 「리더스 다이제스트」에 의해 '20세기 최고의 에세이'로 선정되기도 했다.

앞을 보지 못한다는 것은 엄청난 핸디캡이다. 하지만 역사를 살펴보면 시각 장애인임에도 위대한 삶을 살다간 사람들이 많다. 앞서 말한 헬렌 켈러는 위대한 여성 지도자로 기억되고 있으며, 어릴 때 축구공에 맞아 양안을 실명했던 강영우 박사는 미국 백악관 국가장애위원회 정책 차관보를 지냈다. 미국 최고의 뮤지션 레이 찰스(Ray Charles Robinson)와 스티비 원더(Stevie Wonder)도 시각

장애인이었다. 2009년 우리나라 피아니스트 손열음이 준우승을 차지했던 미국 최고의 피아노 콩쿠르인 반 클라이번 콩쿠르의 우승자는 앞을 보지 못하는 피아니스트 쓰지이 노부유키(辻井伸行)였다. "예수를 나의 구주 삼고"를 포함해 8,000편 이상의 찬송가를 작사한 크로스비(Fanny Jane Crosby)도 시각 장애인이었다.[1] 이 책의 추천사를 써주신 총신대 사회복지대학원 원장 이재서 교수님도 앞을 보지 못하신다.

위의 예에서 볼 수 있듯이 시각 장애인 중에는 시각을 잃은 대신 청각이나 촉각, 그리고 감성이 고도로 발달해 음악가나 시인으로 대성한 사람들이 많다. 인간의 감각 기능을 총괄하는 뇌는 환경 변화에 민감하기 때문에 무엇을 학습하느냐에 따라 감각의 민감도가 달라지는데, 뇌의 이런 특성을 뇌가소성이라고 한다. 사람이 한 가지 감각을 잃었을 때 다른 감각이 더욱 발달하는 현상은 감각 장애인들에 대한 하나님의 깊은 배려가 아닐까 싶다.

물론 이러한 분들 곁에는 언제나 든든한 조력자들이 있었다. 강영우 박사님의 평생 동반자 석은옥 여사, 헬렌 켈러의 스승 설리번 선생님, 스티비 원더와 쓰지이 노부유키의 헌신적인 어머니처럼 말이다. 그러고 보면 하나님은 참으로 묘한 방법으로 하나님 자신의 영광을 드러내게 하시는 것 같다.

인간에게 보고 못 보고의 문제는 생존과 직결된 중요한 문제이지만, 하나님 편에서 한 영혼이 앞을 볼 수 있고 없고는 그리 중요한 문제가 아닐 수도 있다. 그럼에도 예수님은 맹인들을 불쌍히 여겨 그들을 치료해주셨다.

시각 장애인들을 진료할 때면 그분들의 영혼이 참으로 맑음을 느끼게 된다. 보지 못하는 것이 큰 불운이기는 하지만 장애의 유무보다는 자신의 삶을 어떻게 받아들이고 어떤 자세로 살아가는지가 훨씬 더 중요할 것이다.

우리가 사물을 보기 위해서는 대단히 복잡한 과정을 거쳐야 한다. 찰스 다윈은 1859년 『종의 기원』(동서문화사, 2013)에서 진화론을 설명하면서 한 장 전체를 '돌연변이 이론의 문제점들'에 할애했다. 그리고 사람의 눈처럼 극도로 복잡하게 설계된 기관들을 자연선택의 결과물이라고 가정하기에는 무리가 따른다고 기술했다.

> 거리에 따라 초점을 조정하고 들어오는 빛의 양을 조절하는 한편 구면수차와 색수차를 보정하는 등 이루 말할 수 없는 온갖 기능을 지닌 눈이 자연선택을 통해 형성될 수 있었다고 가정하는 것이, 솔직히 고백하면 최고로 불합리한 듯이 여겨진다.

다윈의 말처럼 인간이 보는 데 필요한 모든 기관들은 동시에 존재해야 하므로 시간차를 두고 자연발생할 수 없다. 그 설명은 뒷부분에서 다시 하겠다.

하지만 무신론의 선봉장 리처드 도킨스는 이에 동의하지 않았다. 도킨스는 그의 베스트셀러 『만들어진 신』(김영사, 2007)에서 다윈이 눈을 예로 들어 자연선택설에 대해 고민한 것을 "적들에게 강한 타격을 입히기 위해 그들을 더 가까이 끌어들인 것"이라는 궤변을 늘어놓기도 했다. 그는 눈과 같이 극도로 복잡한 기관도 점진적인 단계를 거쳐 진화했음을 주장하면서 "수술로 수정체를 제거한 백내장 환자는 안경이 없으면 선명한 상을 볼 수 없지만, 그래도 나무에 부딪히거나 낭떠러지에서 떨어지지 않을 만큼은 볼 수 있다"는 예를 들어 눈에 일부 이상이 있어도 보는 데는 지장이 없다고 했다.[2] 하지만 안과 의사의 입장에서 볼 때 그 예는 적절하지 않다. 왜냐하면 백내장 환자도 백내장을 앓기 전에는 정상적인 시력으로 사물을 분명하게 본 사람이기 때문이다.

사실 눈으로 본다는 말은 정확한 표현이 아니다. 눈에 보이는 사물을 인지하는 과정은 다윈의 생각처럼 눈으로 보는 것으로 끝나는 것이 아니라 눈에서 대뇌까지 이어지는 훨씬 복잡한 과정을 거쳐야 한다.

만일 다윈이 『종의 기원』을 쓸 당시에 오늘날의 현대 의학이 인간의 시각에 관해 밝혀낸 사실들을 알았더라면 '진화론'을 발표하지 않았을 수도 있지 않을까?

전문의 제도가 안과에서 가장 먼저 생긴 것도 안구의 크기는 탁구공만 하지만 그 구조와 기능은 너무나 복잡하다는 사실과 무관하지 않을 것이다. 각막이식술을 안구 자체를 그대로 이식하는 수술로 알고 있거나, 눈이 보이지 않던 사람들도 수술 후에는 무조건 시력을 회복하는 것으로 생각하는 사람들이 종종 있는데 사실은 전혀 그렇지 않다.

각막이식술은 안구 전체에서 각막이라는 제일 앞쪽 부위의 극히 일부분만을 이식하는 수술이다. 현재의 의학기술로는 그 외의 부분을 이식하는 것은 불가능하다. 따라서 각막이식술은 각막에 이상이 있는 사람들에게만 제한적으로 시행되는 수술이며, 다른 부위의 문제는 이식으로 해결할 수 없다. 인공망막을 이용해 망막질환으로 시력을 잃은 사람들의 시력을 되찾아주는 방법이 계속 연구되고 있지만, 실용화되기까지는 꽤 오랜 시간이 걸릴 듯하다.

인간이 눈앞의 사물을 인지하는 과정은 다음과 같다.

외부 물체에서 반사된 빛이 각막을 통과하여 눈으로 들어가고, 홍채에 있는 동공을 지나면서 빛의 양이 조절된다. 빛은 동공과 수정체를 지나면서 굴절된 다음 유리체를 통과하는데, 이때 망막에 상이 맺힌다. 이후 망막에 맺힌 상의 모양 및 위치에 따라 망막의 시세포가 자극된다. 자극된 시세포에서는 일종의 전기신호가 발생하는데, 이 신호가 각 시세포와 연결된 시신경을 통해 시각을 담당하는 대뇌의 후두엽으로 전달되어 판독됨으로써 눈앞에 있는 물체를 인식하게 된다. 전체 뇌에서 시각 기능에 관여하는 부분은 40-60%까지로 추정되는데, 따라서 우리의 감각 중 가장 중요하고 복잡한 것이 시각이라고 할 수 있다.

사실 뇌에는 아직도 그 기능이 알려지지 않은 미지의 영역이 매우 많다. 뇌는 심장에서 보내는 피의 4분의 1, 하루 섭취 열량의 5분의 1을 소비한다. 1.4kg에 불과한 작은 기관이 인체에서 가장 많은 에너지를 사용하고 있는 것이다. 뇌 속에 주름이 수없이 많은 이유는 제한된 공간 안에 가능한 많은 신경세포를 집어넣기 위해서다. 이 신경세포들이 복잡하고 긴밀하게 연결되어 네트워크를 이루기 때문에 뇌는 우주에서 가장 복잡한 구조물이라 할 수 있다. 일례로 침팬지는 인간과 유전자가 약 99% 동일함에도 신경세포 수는 사람의 4분의 1에 불과하다. 인간의 지능이 다른 동물보다 월등히 높은 이유는 바로 이런 차이 때문이다.

눈과 같이 복잡한 신체 기관이 과연 진화의 산물일까? 만일 그렇다면 안구가 생긴 후에 시신경이 생겨났고, 뒤이어 후두엽이 발달하는 진화 과정을 겪었을까? 그들은 다른 부분이 진화하기까지 기다려줄 수 있는 존재들이 아니다. 보기 위해 필요한 모든 기관들은 동시에 존재해야 하며 시간차를 두고 자연발생할 수는 없다.

이것은 진화론으로 설명할 수 있는 문제가 아니다. 전지전능한 설계자가 있어야만 가능한 일이다.[3)]

사람이 사물을 보기 위해서는 '보는' 과정 다음으로 본 것을 '판독'하는 단계가 필요하다. 이 두 가지는 엄밀히 말해 완전히 다른 영역이라고 할 수 있다. '보는' 과정에 문제가 생기면 안과치료를 받고, '판독' 과정에 문제가 생기면 신경과나 신경외과 치료를 받아야 한다.

만약 대뇌 후두엽의 시각중추가 발달하지 않았다면 눈에 아무 문제가 없어도 보지 못한다. 마가복음에는 날 때부터 눈이 먼 사람이 등장한다.

> 예수께서 길을 가실 때에 날 때부터 맹인된 사람을 보신지라(요한복음 9:1).

그는 선천적 시각 장애를 가지고 있었기 때문에 당연히 후두엽의 시각중추도 발달되지 못했을 것이다. 시각 기능은 만 6-7세 때까지 발달하는 것으로 알려져 있는데, 이 연령대에 제대로 보지 못한 사람의 시각중추는 정상적으로 발달할 수 없다. 그렇기 때문에 설사 성인이 된 다음 눈이 정상으로 돌아온다 할지라도 눈으로 본 것을 뇌에서 판독하는 데 문제가 생겨 상당한 혼란을 겪는다.

미국의 신경학자 올리버 색스(Oliver Sacks)는 그의 저서 『화성의 인류학자』(바다출판사, 2015)에서 3세 때 뇌막염을 앓은 뒤 6세 때 백내장을 앓다가 시력을 잃은 버질이라는 사람을 소개하고 있다. 그는 45년간을 시각 장애인으로 살다가 백내장 수술을 받고 시력을 어느 정도 회복하게 된다. 그러나 기쁨도 잠시 곧 본다는 것 자체가 고통이 되었다. 사물들이 정상적으로 인지되지 않았기 때문이다. 예를 들어 나무를 보면 잎사귀와 줄기가 떨어져 보이고 고양이를 보면 얼굴과 몸통이 연결되지 않았다. 시각중추가 발달되지 않아 뇌에서 '판독교란' 현상이 일어난 것이다.

첫 번째 안수 후 맹인은 "사람들이 보이나이다. 나무 같은 것들이 걸어가는 것을 보나이다"라고 말했다. 마가는 그가 두 번째 안수 후 모든 것을 밝히 보았다고 적었다.

예수님은 왜 굳이 안수를 두 번 하셨을까? 혹시 첫 번째 안수는 눈의 회복을 위한 안수였고, 두 번째 안수는 후두엽의 시각중추 회복을 위한 안수가 아니었을까? 마가는 시력의 신경생리학적 메커니즘에 관한 지식이 없었음에도 불구하고 맹인이 시력을 회복하는 과정을 아주 구체적으로 기록하고 있다.

우리가 속해 있는 이 광활한 우주에서 벌어지는 수많은 현상 중 그 원인이 과학적으로 규명된 부분은 불과 5% 정도밖에 되지 않는다는 것이 과학자들의 중론이다.[4] 안과 전문의의 입장에서 볼 때 인간이 시각에 대해 이해하고 있는 부분도 5% 정도라 생각한다. 맹인이 눈을 뜨는 기적을 과학적으로 완벽하게 설명할 수는 없지만, 예수님이 두 번 안수하셨다는 성경 구절을 통해 과학이 발날할수록 성경에 기록된 사건들이 과학적 근거가 있는 사실이라는 점이 점점 더 분명해지고 있음을 알 수 있다.

/ 도움말 /

노창래(가톨릭대학교 의과대학 안과교수), 임창현(안과 전문의), 윤은영(인지신경과학자, 한국뇌신경훈련센터 원장), 김상대(고려대학교 의과대학 신경외과 교수), 박상우(전남대학교 의과대학 안과 교수)

/ 주 /

1) 이중태, 『찬송가 탄생의 비밀』(선미디어, 2007), 258-259.

2) 리처드 도킨스, 『만들어진 신』(김영사, 2007), 190-194.

3) 「창조 No 157」(한국창조과학회, 2009), 60-62.

4) "신학과 과학의 만남", 「국민일보」, 2005. 4. 23.

/ 그림출처 /

Wikipedia.

5장

과연 야곱은
에서의 발목을
잡고 태어났을까?

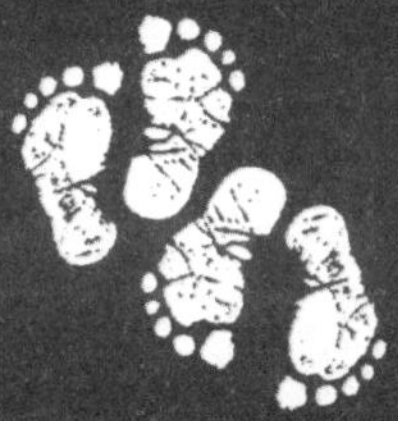

그림1. "에서와 야곱의 출생"(프랑수아 메트르, 1475-1480)

그 아들들이 그의 태 속에서 서로 싸우는지라. 그가 가로되 이럴 경우에는 내가 어찌할꼬 하고 가서 여호와께 묻자온대 여호와께서 그에게 이르시되 두 국민이 네 태중에 있구나, 두 민족이 네 복중에서부터 나누이리라, 이 족속이 저 족속보다 강하겠고 큰 자가 어린 자를 섬기리라 하셨더라. 그 해산 기한이 찬즉 태에 쌍둥이가 있었는데 먼저 나온 자는 붉고 전신이 털옷 같아서 이름을 에서라 하였고 후에 나온 아우는 손으로 에서의 발꿈치를 잡았으므로 그 이름을 야곱이라 하였으며, 리브가가 그들을 낳을 때에 이삭이 육십 세였더라(창세기 25:22-26).

해산할 때에 보니 쌍태라. 해산할 때에 손이 나오는지라 산파가 이르되 이는 먼저 나온 자라 하고 홍색 실을 가져다가 그 손에 매었더니 그 손을 도로 들이며 그의 아우가 나오는지라. 산파가 이르되 네가 어찌하여 터뜨리고 나오느냐 하였으므로 그 이름을 베레스라 불렀고 그의 형 곧 손에 홍색 실 있는 자가 뒤에 나오니 그의 이름을 세라라 불렀더라(창세기 38:27-30).

성경에서 출산과 관련된 말씀은 총 두 군데 나오는데, 공교롭게도 모두 쌍둥이 출산에 관한 기록이다.

창세기 25장은 야곱과 에서의 출생을 기록하며 동생 야곱이 형 에서의 발꿈치를 잡고 태어났다고 적고 있다. 많은 사람들이 이 이야기를 야곱이 태어날 때부터 장자권에 대한 야망을 가지고 있었음을 상징적으로 드러내는 전설 정도로 여긴다.

창세기 38장에는 야곱의 아들 유다와 그의 며느리 다말 사이에서 태어난 쌍둥이 출산이 기록되어 있다. 시아버지와 며느리 사이에서 태어난 아이에 대한 이야기라 설교에서 거의 다루어지지 않다 보니 다른 성경 이야기에 비해 비교적 잘 알려지지 않은 대목이기도 하다. 간단히 요약하면 다말은 유다의 첫째 아들 엘의 아내였는데, 결혼한 지 얼마 지나지 않아 엘이 죽게 된다. 유대에는 형제가 자식을 남기지 못하고 죽으면 죽은 형제의 대를 잇기 위해 친형제나 친척이 그의 부인과 결혼하여 아이를 낳아주어야 하는 풍습이 있었다. 유다는 장자 엘이 죽자 그 동생 오난으로 하여금 형수와 동침하여 아이를 낳도록 하지만, 오난은 그 아이가 자기의 자식이 될 수 없고 아버지의 재산이 그에게 넘어갈 것을 알았기에 질외사정이라는 교묘한 방법으로 자식 낳기를 거부한다. 하나님은 오난의 악한 의도를 알아차리고 그를 죽게 하신다. 유다는 남은 아들 셀라를 다말에게 주어 가계를 이어야 했지만, 셀라마저 엘과 오난처럼 죽을까 봐 다말을 친정으로 보낸 후 다시 불러들이지 않는다. 이에 다말은 대를 잇기 위해 창녀로 가장해 시아버지와 동침하는 방법으로 마침내 쌍둥이를 낳는다. 사실 유다의 이런 행동은 이스라엘 자손을 바다의 모래와 하늘의 별처럼 많이 번성시킬 것이라는 하나님의 계획을 믿지 못했기 때문이다. 만일 유다가 막내아들 셀라를 다말에게 주었다면 정상적으로 대를 이어갈 수 있지 않았을까?[1)] 이후 유다는 며느리 다말에게는 잘못이 없으며 자신이 그릇되게 행동했음을 고백한다.

그는 나보다 옳도다. 내가 그를 내 아들 셀라에게 주지 아니하였음이로다(창세기 38:26).

어찌되었건 결국 다말은 무사히 자손을 얻었고, 예수님의 족보에 오른 4명의 여인(다말, 라합, 룻, 우리아의 아내) 중 한 명으로 마태복음 1장에 기록된다.

그런데 과연 위의 두 이야기는 모두 진실일까? 그게 아니라면 로마 건국 신화의 쌍둥이 형제 로물루스와 레무스의 이야기처럼 꾸며낸 것일까?

정자와 난자가 만나 새로운 생명이 탄생하는 과정은 신비 그 자체다. 진화론자들을 곤란하게 하는 질문 중 하나가 건강한 성인만 만들 수 있는 최초의 정자와 난자는 도대체 어디서 생겨났느냐는 질문이다. 과학이 아무리 발달한다 해도 정자와 난자를 인공적으로 만드는 일은 불가능할 것이다.

수년 전 황우석 박사 논란과 함께 사회적 논란이 되었던 생명복제가 최근 들어 다시 과학계의 뜨거운 이슈로 떠오르고 있다. 사람의 유전자 조작을 허용해야 하는지에 대한 윤리적 문제는 아직도 해결되지 않고 있다.

건강한 성인 남성은 평균 2-3억 마리의 정자가 들어 있는 정액을 몸 밖으로 배출한다. 따라서 남성의 몸에서 배출된 정자들은 수명이 1-2일에 불과한 난자를 만나기 위해 피나는 노력을 해야 한다. 여성의 질 속에 들어온 2-3억 마리 정자 중 절반 이상이 그 자리에서 즉사한다. 질에서 강한 산성 물질이 분비되기 때문이다. 정자들은 살아남기 위해 서로 똘똘 뭉치는데, 정자 한 마리를 여러 마리가 에워싸고 질의 강한 산성으로부터 지켜주며 운반하기도 한다.

생존한 정자는 자궁을 거쳐 난자가 있는 나팔관을 향해 이동한다. 정상적인 상태에서 정자가 여성의 질에서 나팔관에 이르는 15cm의 거리를 가는 데는 약 45분이 걸린다. 이제 정자는 두 개의 나팔관 중 난자가 있는 하나의 나팔관을 선택해야 한다. 이렇게 해서 천신만고 끝에 난자 근처에 도달하는 정자는 약 50-60마리 정도에 불과하다. 이 정자들 중 난자와 결합할 수 있는 것은 오직 한 마리뿐이다.

정자의 머리에 있는 첨체에는 난자의 세포막을 녹일 수 있는 효소가 들어 있다. 정자들은 이 첨체를 터뜨려 난자의 세포막을 녹이려고 시도한다. 한 정자가 지치면 다른 정자가 가서 같은 시도를 하는 과정이 반복되다가 마침내 한 정자가 난자의 세포막을 뚫고 들어가게 된다. 이때가 드디어 난자와 정자가 만나 수정란이 되는 순간이다. 수정란은 난자 속 23개의 염색체와 정자 속 23개의 염색체가 합쳐져 총 46개의 염색체를 가지게 된다. 이 수정란은 어찌보면 하나의 세포에 불과하지만 다른 한편으로는 세상에 단 하나뿐인 존재이기도 하다.

수정란은 난자 안의 양분을 이용해 곧바로 분열을 시작한다. 수정란이 5-7일 만에 나팔관을 통과하여 자궁으로 이동한 다음 자궁 내막에 자리잡는 것을 착상이라고 하며, 이 과정이 완전히 이루어졌을 때 임신이 된다.[2)]

자궁 안에서 수정란은 계속된 분열을 통해 세포의 수를 늘리고, 이 세포들이 몸속의 여러 기관과 손, 발 등의 신체조직을 형성한다. 이후 약 40주가 지나면 아이가 엄마의 자궁 밖 세상으로 나오게 된다. 하나의 세포에 불과했던 수정란이 세포분열을 거듭해서 약 3조 개의 세포를 가진 아이를 만들고, 이렇게 해서 태어난 아이가 성인이 되면 세포 수는 약 60조에서 100조 개까지 늘어난다.

생명의 탄생은 신비로움 그 자체지만 쌍둥이의 탄생은 보는 사람으로 하여금 또 다른 차원의 경이로움을 느끼게 한다. 쌍둥이는 크게 일란성과 이란성으로 구분할 수 있다. 일란성 쌍둥이는 정자와 난자가 만난 1개의 수정란이 분열하는 과정에서 세포가 각각 분리되어 독립된 개체로 자란 것을 말한다. 일란성 쌍둥이는 성별뿐만 아니라 혈액형과 유전자도 동일하다. 이 과정에서 수정란이 세포분열한 후 분리되는 이유가 무엇인지는 아직 정확하게 밝혀지지 않고 있다. 이란성 쌍둥이는 한꺼번에 배란된 2개 이상의 난

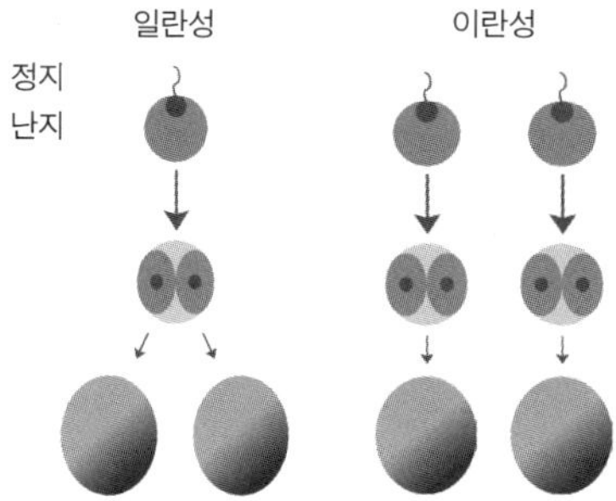

그림2. 일란성, 이란성 쌍둥이 설명 사진

자가 각각 다른 정자와 수정되어 자란 것으로 유전자도 다르고 성도 다를 수 있다. 매우 드물기는 하지만 흑인과 백인의 이란성 쌍둥이가 태어난 예도 있다.

요즘은 과거보다 쌍둥이를 더 자주 볼 수 있게 되었는데, TV 예능 프로그램에 등장하는 연예인 자녀 중 유독 쌍둥이가 많은 것도 쌍둥이 출산이 그만큼 많아졌다는 반증이다. 2013년 통계청 자료에 의하면 쌍둥이를 포함한 다태아(多胎兒)의 출생 비율이 3.3%로 20년 전인 1993년에 비해 약 3배가량 늘었다. 반면 2013년 출생아 수(43만 6,455명)는 1993년(71만 5,826명)에 비해 40%가량 줄었다. 전체 출산율은 대폭 줄었는데 태어난 아이들 중 쌍둥이가 차지하는 비율은 훨씬 늘어난 것이다.

이처럼 쌍둥이 출생이 늘어난 이유는 난임(難姙) 치료 시술의 증가 때문이다. 시험관에서 수정된 배아를 자궁에 이식하는 체외수정(시험관 아기)의 경우 착상 성공률을 높이기 위해 자궁에 여러

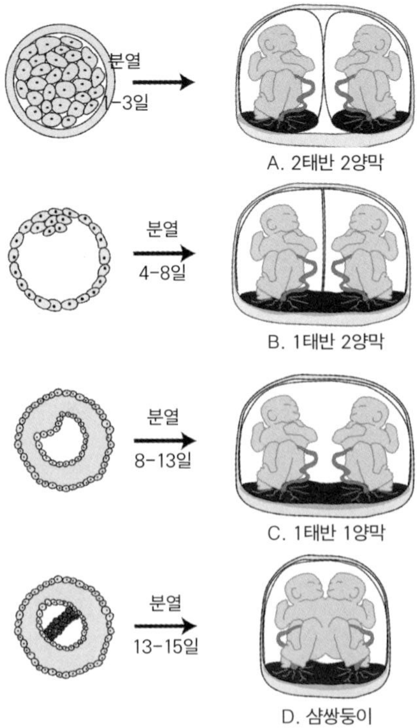

그림3. 쌍둥이 관련 사진

개의 배아를 넣다 보니 쌍둥이를 낳을 확률이 높다.

남성의 정자를 여성의 자궁 안에 넣어주는 인공수정도 난자가 여러 개 배출되도록 약물을 투여하는 방식을 쓰기 때문에 다태아가 태어날 확률이 높다. 자연임신으로 쌍둥이가 생길 확률은 1% 정도지만 인공수정은 5%, 체외수정은 20-25%까지 그 수치가 올라간다. 그러나 다태아를 가질 경우 어머니의 자궁과 영양분을 여럿이 나눠 써야 하기 때문에 단태아보다 유산율, 조산율이 높고, 산모의 임신 합병증 위험도 높다.

이란성 쌍둥이나 일란성 쌍둥이라도 수정 초기(수정 후 3일까지)에 둘로 갈라진 경우에는 태반과 양막이 각각 두 개씩 생긴다. 일란성 쌍둥이가 수정 후 4-8일 안에 분열한 경우 태반은 하나지만 양막은 둘이 된다. 일란성 쌍둥이가 수정 후 8-13일(주로 자궁에 착상 후)에 갈라지는 경우에는 태반과 양막을 공유한다. 태아끼리 붙어서 나오는 기형을 흔히 샴쌍둥이라고 하는데 이는 분리가 늦어질 때(수정 후 13-15일) 생길 수 있다.

쌍둥이를 임신한 상태에서 태동이 심했다면 배 속에서 아이들이 싸우는 것처럼 느낄 수 있다.

> 그 아들들이 그의 태 속에서 서로 싸우는지라(창세기 25:22).

하지만 성경 말씀을 자세히 살펴보면 리브가가 느꼈던 태동은 통상적인 기준을 뛰어넘는 아주 심한 고통이었다는 것을 알 수 있다. 오죽했으면 리브가가 이 문제를 두고 하나님께 기도까지 했겠는가.

22절의 "어찌할꼬"에 해당하는 히브리어 단어는 '라마'(למה)다.

'라마'는 일반적으로 '왜?'라는 의미를 가지는데, 게제니우스 사전 403페이지에서 따르면 창세기 25:22에서는 '내가 왜 사나?'(살아 있나)라는 의미로 쓰였다고 할 수 있다. 즉 리브가는 '이런 고통을 견디면서까지 내가 꼭 살아야 하나' 싶을 정도로 극심한 통증을 느꼈던 것이다. NIV 성경은 이 구절을 "Why is this happening to me"라고 번역하고 있다. 이는 보통 암환자들이 처음 암 진단을 받았을 때 하는 말이기도 한데, 그만큼 충격적이고 고통스럽다는 뜻이 내포된 말이다.

하나님은 고통을 놓고 기도한 리브가에게 놀라운 진리를 가르쳐주신다.

큰 자가 어린 자를 섬기리라 하셨더라(창세기 25:23).

후일 리브가는 에서와 야곱이 장성하여 아버지 이삭으로부터 축복을 받을 때 동생 야곱이 장자의 축복을 받게 하기 위해 주도면밀한 계획을 세워 이삭을 속였다. 아마도 리브가는 고통 속에서도 큰 자가 어린 자를 섬긴다는 이 성경 말씀을 떠올리고 어떠한 수단을 동원해서라도 하나님의 계획을 이루려 한 것이 아닐까?

어찌되었건 에서와 야곱이 태중에서부터 서로 심하게 부딪히며 소란을 일으킨 것은 분명한데, 정황상 아마도 이 둘은 태반과 양막을 공유한 단일 양막성 쌍둥이였을 가능성이 높아 보인다. 단일 양막성 쌍둥이는 일란성 쌍둥이 중 약 1%를 차지하는 극히 드문 경우인데 이란성 쌍둥이일 때도 가능한 현상이기는 하다. 단일 막에 두 태아가 공존하다 보면 임신 초기부터 서로 부딪히거나 탯줄이 엉켜서 한 아이 또는 두 아이 모두 자궁 내에서 사망할 수도 있다. 또한 분만 과정에서 두 아이가 함께 밀려나오면서 여러 가지 문제가 생길 가능성도 매우 높다. 따라서 야곱이 에서의 발목을 잡고 태어났을 가능성은 충분히 있으며, 둘 중 한 명이 다른 형제의 발목을 잡고 있는 것처럼 서로 엉킨 채 태어났을 가능성이 높아 보인다.

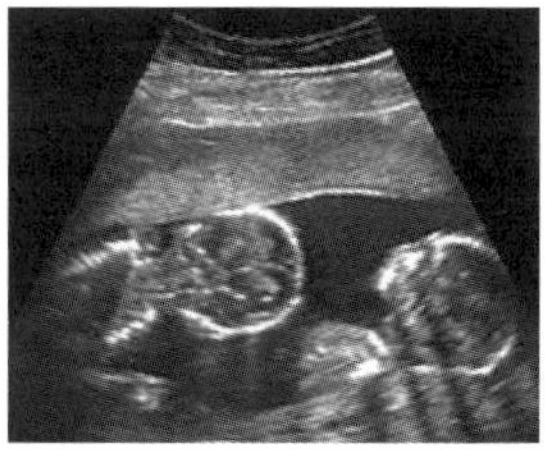

그림4. 단일양막성 쌍둥이 사진

'야곱'(יעקב)이라는 이름은 발꿈치를 붙잡았다는 뜻이다. 게제니우스 히브리어 아람어 사전에 따르면 야곱은 '발뒤꿈치'라는 뜻의 단어에서 유래했고, '속이다' 또는 '잡아두다, 제지하다'라는 의미라고 한다.

더불어 에서의 피부가 붉고 털이 많은 이유는 쌍태아간 수혈증후군(transfusion syndrome)으로 인해 태반에서 야곱보다 영양을 더 많이 공급받아 생긴 결과가 아닐까 싶다. '에서'(עשו)라는 이름 자체가 몸이 크고 털이 많다는 의미에서 붙여진 이름이다.

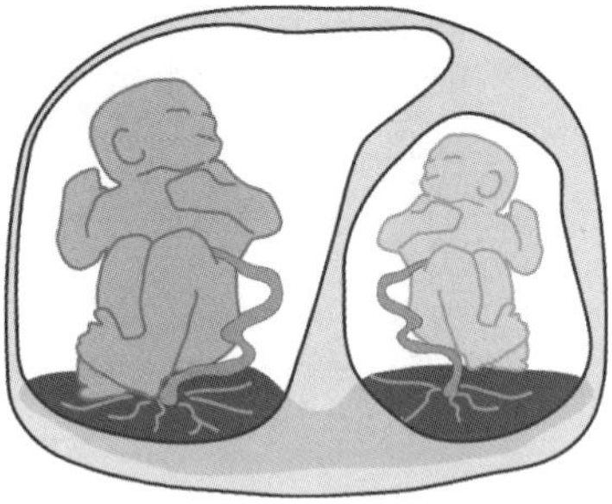

그림5. 쌍태아간 수혈증후군으로 크기가 다른 쌍둥이 사진

쌍둥이 중 한 아기가 매우 크고 건강한 데 반해 다른 아이는 아주 허약한 체질로 태어나는 경우가 있을 수 있다. 이것은 앞서 언급한 소위 '쌍태아간 수혈증후군'으로 한 태반에서 대부분의 피가 한 아기에게로 갈 경우에 생길 수 있다.

일부 후진국에서는 지금도 출산 과정에서 산모가 위험해지거나 태아를 사산하는 일이 많다. 그러니 구약시대에는 오죽하겠는가. 필시 그러한 일이 다반사였을 것이다. 따라서 당시로서는 단일 양막 내의 두 태아가 무사히 분만된 일이 대단히 드문 사건이었을 테니 성경에도 충분히 기록될 만한 가치가 있었을 것이다.

의학계는 17세기에 비아르델(Viardel)이 최초로 단일 양막성 쌍둥이에 관한 의학적 기록을 남겼다고 주장한다. 하지만 나는 창세기 25장에 나오는 에서와 야곱의 출생기록이 그보다 훨씬 앞선 사례라고 생각한다.

에서와 야곱이 이란성 쌍둥이였을 가능성을 제기하는 산부인과 의사도 있다. 두 아이의 외모가 다르고, 한 아기가 먼저 나온 다음 둘째 아이의 손이 첫째 아이의 발 가까이에 있었다면 발꿈치를 잡은 것처럼 보일 수도 있다는 주장이다.

한편 창세기 38장에 언급되는 다말의 쌍둥이 출산도 에서와 야곱의 경우처럼 단일 양막성 쌍둥이일 가능성이 있다. 손이 먼저 나왔다가 진통이 온 사이에 산모가 몸을 움직이면 다시 들어가서 다른 아기가 먼저 나오는 상황이 생길 수도 있기 때문이다.

물론 양막이 두 개일 가능성도 배제할 수 없다. 우리는 산파가 창세기 38:29에 "네가 어찌하여 터뜨리고 나오느냐"라고 말한 것에 주목할 필요가 있다. 두 개의 양막 중 하나가 먼저 터져서 한 아이의 손이 나왔다가 다시 안으로 들어가 버리고 다음번 진통 때 두 번째 양막이 터지면서 둘째가 먼저 분만되었을 수 있다. 이 경우에는 일란성일 수도, 이란성일 수도 있다.

보통은 양막 두 개가 하나는 산도 가까이에 있고 다른 하나는 위쪽에 있어서 순서대로 분만된다. 하지만 경우에 따라 양막 두 개가 나란히 산도에 걸쳐져 있을 때 이 같은 상황이 벌어질 수 있다. 창세기 38:28을 보면 분만 시 아기의 손이 먼저 나오는 위험한 상황이 발생한 것을 알 수 있다.

> 해산할 때에 손이 나오는지라(창세기 38:28).

대부분의 태아는 분만 시 머리부터 나오는 두위분만으로 출생하지만 드물게는 머리보다 둔부(엉덩이)가 먼저 나오는 둔위분만이 발생할 수도 있다. 하지만 손이 먼저 나온 상태(횡와위)에서는 정상분만이 불가능하기 때문에 태아와 산모가 모두 위험에 처하게 된다. 이때는 반드시 손을 다시 밀어 넣은 다음 자궁 속에서 태아의 위치(태위)를 바꿔야 한다. 태위가 바뀌는 일은 저절로 일어나기도 하지만 밖에서 배를 만져 돌리거나 자궁 안에 손을 넣어 돌리는 방법을 쓰기도 한다. 창세기 38장에는 태아의 손이 먼저 나오는 위험한 순간을 맞자 산파가 손을 다시 넣어 침착하게 대응하는 모습이 그려진다. 아마도 경험이 상당히 많은 산파였던 모양이다.

> 산파가 이르되 이는 먼저 나온 자라 하고 홍색 실을 가져다가 그 손에 매었더니 그 손을 도로 들이며(창세기 38:28-29).

먼저 나온 아이의 손에 홍색 실을 묶은 이유는 장자를 표시하기 위해서일 것이다. 결론적으로 창세기 25장과 38장의 쌍둥이 분만 이야기는 의학적으로 충분히 가능한 일이며, 성경이 진실을 기록한 책이라는 것을 확증하는 중대한 사건이라 할 수 있다.

/ 도움말 /

김원회(전 부산대학교 의과대학 산부인과 주임교수), 김하정, 정병준(이상 산부인과 전문의)

/ 주 /

1) 하용조, 『비전성경』(두란노, 2005), 60.

2) "발생의 과정", 살아 있는 과학 교과서, 네이버 지식백과.

/ 그림출처 /

Wikipedia.

6장

하나님은 왜 하필
코에 생기를
불어넣으셨을까?

그림1. "아담의 창조"(미켈란젤로 부오나로티, 1511-1512)

여호와 하나님이 땅의 흙으로 사람을 지으시고 생기를 그 코에 불어넣으시니
사람이 생령이 되니라(창세기 2:7).

여호와 하나님이 땅의 흙으로 사람을 지으시고 생기를 그 코에 불어넣으시니 사람이 생령(a living being)이 되니라(창세기 2:7).

The LORD God formed the man from the dust of the ground and breathed into his nostrils the breath of life, and the man became a living being(NIV. Genesis 2:7).

하나님은 흙으로 사람을 지으신(formed) 다음 하고 많은 부위 중 왜 하필 코에 하나님의 숨결을 불어넣어 비로소 살아 있는 생명이 되게 하셨던 것일까?

교황을 선출하는 비밀선거 콘클라베가 열리는 시스티나 성당의 천장에는 미켈란젤로가 4년에 걸쳐 완성한 걸작 "천지창조"가 그려져 있다. 미켈란젤로의 최고 걸작으로 꼽히는 "천지창조"에서 가장 유명한 장면은 하나님의 손가락에서 아담의 손가락으로 생명의 불꽃이 전해지는 모습을 그린 "아담의 창조"일 것이다. 이 그림은 망토를 걸친 하나님이 천사들의 무리를 이끌고 하늘에서 내려와 아담에게 막 영혼을 불어넣어 주려 하시는 극적인 순간을 묘사했다.[1] 아담은 아직 영혼이 깃들지 않아 힘없이 바위에 몸을 기대 누워 힘차게 날아오고 있는 하나님을 향해 왼팔을 내밀고 있다. 천하의 미켈란젤로가 하나님이 아담의 코에 생기를 불어넣어 살아 있는 생명체가 되게 하신 사실을 모르지는 않았을 텐데 말이다. 혹시 코로 생기를 불어넣는 장면은 너무 밋밋할 것 같아 좀 더 극적으로 묘사하기 위해 이런 설정을 한 것일까? 아니면 코로 생기를 불어넣는 모습이 자칫 동성애적인 인상을 줄 수 있다는 우려 때문이었을까? 그것도 아니면 미켈란젤로가 그리스 로마의 전통과 구약성경을 교묘하게 혼합한 그림을 그린 반기독교인이었다는 설이 정말 맞는 것일까? 어쨌든 개인적으로는 이 그림에서 코로 생기를 불어넣는 장면이 생략된 것은 상당히 아쉽다.

히브리어 원문에는 '니쉬마트 하임'(נשמת חיים)이라는 단어가 '생기'로, '네페쉬 하야'(נפש חיה)라는 단어가 '생령'이라는 뜻으로 쓰였는데 HALOT 사전에서는 '니쉬마트 하임'을 'breathing of God'으로, '네페쉬 하야'를 'living being'으로 표기하고 있다.

BDB 사전 또한 '니쉬마트 하임'을 'breathing of God'으로, '네페쉬 하야'를 'living being'으로 옮기고 있다. 여기에 사용된 '네샤마'(נשמה)와 '네페쉬'(נפש) 두 단어 모두 일반적으로 '숨', '영'과 관련되어 쓰이기 때문에 한글 성경에서는 '생기'와 '생령'이라는 단어로 번역했다.

코에 생기를 불어넣으신 주체가 '야웨 하나님'이심을 알 수 있는 이유는, 성경 원문에서 '불어넣다'라는 의미의 동사 '이파흐'(יפח)가 앞에서 흙으로 사람을 지은 '그 주체'와 동일시하는 **삼인칭 단수 남자 형태**로 기록되어 있기 때문이다.

하나님은 인간의 코에 하나님의 숨결을 불어넣음으로써 인간을 독립된 생명체로 완성하셨다. 태아 역시 분만된 다음 스스로의 힘으로 공기를 들이마시고 난 뒤에야 비로소 완전한 인간이 된다. 따라서 태아는 세상 밖에 나와 첫 호흡을 터트릴 때에야 비로소 완전한 인간으로 태어난다고 할 수 있다. 호흡은 인간이 독립적 인격체로서 완성되기 위한 최종 관문인 셈이다.

혈액 순환의 중심은 심장이다. 심장은 주먹만 한 크기의 근육덩어리로 무게는 약 205-300g 정도다. 1분에 평균 72번씩 뛰며, 죽을 때까지 단 한 순간도 멈추지 않는 초강력 펌프와 같다. 이렇듯 심장은 엄청난 힘으로 총 10만 km에 달하는 전신의 혈관으로 혈액을 순환시킨다. 인간은 심장이 3-5분 정도만 정지해도 사망하거나 영구적인 뇌 손상을 입게 된다. 심폐소생술이 중요한 이유가 바로 여기에 있다. 심장에는 우심방, 우심실, 좌심방, 좌심실이라는 4개의 방이 있는데, 우리 몸에 흐르는 혈액은 반드시 이 4개의 방을 통과한다. 성인의 혈액 순환 과정은 다음과 같다. 우리 몸을 돌고 온 피에는 노폐물이 포함되어 있다. 이 피는 우심방에 모였다가 우심실을 거쳐 폐로 들어간 다음 호흡을 통해 들어온 산소를 만나 다시 깨끗해진다. 이 과정을 마친 피는 다시 좌심방과 좌심실을 지나 온몸에 산소와 영양분을 공급한다.

하지만 엄마의 자궁 속에서, 그것도 양수라는 물 속에 사는 태아의 혈액순환은 성인과 완전히 다르다. 태아는 탯줄을 통해 엄마로부터 산소와 영양분을 공급받기 때문에 공기 호흡을 하지 않고도 양수 안에서 생존할 수 있다. 그러다 보니 태아의 폐는 펴지지 않고 쪼그라든 상태로 존재하며 아무런 기능도 하지 않는다.

태아의 심장에는 성인의 심장에는 없는 난원공(卵円孔, Foramen ovale)과 동맥관(動脈管, ductus arteriosus)이라는 두 개의 우회통로(shunt)가 있어 혈액이 폐를 거치지 않고도 순환할 수 있다. 난원공은 우심방과 좌심방 사이에서 압력차를 이용해 혈액을 우심방에서 좌심방으로 이동시킨다. 그리고 우심실에서 폐동맥으로 배출된 혈액은 대부분이 폐로 가지 않고 동맥관을 통해 직접 대동맥으로 들어간다.

하지만 태아가 분만되면 태아에게만 존재하던 두 개의 우회통로가 막히는 극적인 현상이 일어난다. 정상적으로 태어난 신생아는 출생 직후 울면서 첫 호흡을 시작한다. 아이가 태어나자마자 우는 이유는 무엇일까?

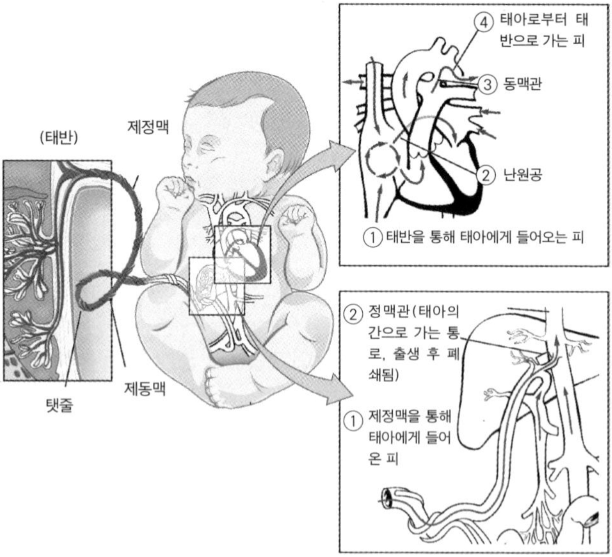

그림2. 태아혈액순환 모식도

이에 대해 심리학자들은 자궁 속에서 항상 듣던 엄마의 심장 박동소리가 더 이상 들리지 않는 데서 오는 불안감 때문이라고 설명한다. 의학자들은 분만 시 아기에 대한 물리적 처치, 태아흉곽의 압박, 탯줄에서의 산소공급이 끊기며 발생한 산소결핍과 이산화탄소의 축적이 신생아의 첫 호흡을 자극한다고 설명한다. 하지만 아이가 태어나 울음을 터트리며 첫 호흡을 내뱉는 과정은 아직까지 의학적으로 명확하게 규명되지 않은 미지의 영역이다.

첫 호흡을 통해 아이의 폐에 산소가 들어오면 그동안 쪼그라져 있던 폐가 활짝 펴지며 비로소 폐로서의 진정한 역할을 시작한다. 곧이어 우심실에 있던 피가 폐로 들어가 산소를 공급받은 다음 좌심방과 좌심실을 거쳐 온몸으로 퍼지게 된다. 이때 우심방과 좌심방을 연결하던 난원공은 두 방의 압력차에 의해 폐쇄되고, 폐호흡이 시작되면서 심장의 혈액이 폐로 가게 되므로 동맥관은 더 이상 필요가 없어진다. 그 결과 동맥관은 폐쇄되고 인대 형태로 남는다.

이렇게 단 한 번의 호흡으로 신생아의 혈액순환은 태아 때의 방식에서 성인과 같은 방식으로 완전히 바뀌게 된다. 의사들은 이런 변화를 극적(Dramatic)이라고 표현하는데, 이는 의학 분야에서는 잘 쓰지 않는 표현으로 신생아의 호흡이 그만큼 엄청난 변화를 초래한다는 뜻이다. 아기가 엄마의 도움 없이 스스로 호흡을 시작하면 엄마와 태아를 연결해주던 탯줄의 혈관들은 점점 쪼그라든다. 의사는 아이가 숨을 쉬는지 확인한 뒤 탯줄을 수술용 가위로 절단한다.

탯줄은 태아가 엄마 배 속에서 영양분을 공급받는 유일한 보급로이자 태아의 몸에서 발생한 노폐물이 배출되는 유일한 통로다. 분만 후 탯줄이 잘리고 나면 시간이 지남에 따라 배꼽 꼭지까지 말라 떨어지는데 이렇게 해서 사람에게 배꼽이 생기는 것이다. 그러고 보면 배꼽은 엄마와 태아가 한때는 서로 긴밀하게 연결되어 있었음을 보여주는 애정의 증표라고도 할 수 있다.

여기서 잠깐 배꼽에 관해 좀 더 이야기해볼까 한다.

그리스 신화 중에는 제우스가 독수리 두 마리를 동쪽과 서쪽으로 날려 보냈더니 세상을 한 바퀴 돌아 델포이에서 다시 만났다는 이야기가 있다. 고대 그리스인들은 당시 세계의 중심이라 여겼던 델포이에 원추형 바위 '옴팔로스'(Omphalos)를 두고 신앙의 대상으로 삼았다.

옴팔로스는 그리스어나 영어로도 '배꼽'을 뜻하지만, 라틴어로는 '인체의 중심'이라기보다는 '대지의 중심'이라는 의미가 더 강하다.

의학용어 중에도 옴팔로스에서 유래된 말들이 많다. 배꼽에 생긴 염증은 옴팔리티스(omphalitis), 배꼽 절제술은 옴팔로토미(omphalotomy)라고 한다. 우리나라에서는 배꼽 꼭지를 신성하게 여겨 종이에 싸서 보관해두는 집도 있다. 배꼽을 부적처럼 몸에 지니고 다니는 사람도 있다. 그렇게 하면 전쟁터에서 총알을 피할 수 있고, 재판에서도 이길 수 있다는 속설이 있기 때문이다.[2)]

배꼽은 정확히 사람 몸의 정중앙에 있다. 하나님이 배꼽을 우리 몸의 중심이자 고개를 숙여야만 볼 수 있는 절묘한 위치에 자리 잡게 하신 데는 이유가 분명 있을 것이다. 우리가 지치고 힘들 때 고개를 숙여 배꼽을 보며 자신이 어머니의 사랑이 있었기에 적신으로 태어날 수 있었음을 생각한다면 다시 세상을 굳세게 살아갈 힘을 얻을 수도 있을 것이다.

신생아가 제대로 울지 못해 호흡을 하지 못한다면 살 수 없다. 그래서 신생아가 울지 않을 때는 엉덩이를 때려 울게 하기도 하고, 탯줄이 목에 감겨 호흡이 곤란하거나 진통이 오래 지속된 후에 아이가 지쳐 호흡하기 어려우면 의사는 신생아에게 심폐소생술과 인공호흡을 시행하기도 한다. 출생 직후의 생존 여부는 대개 호흡기능에 의해 좌우된다.

우리는 아무것도 먹지 않고도 며칠을 살 수 있지만, 공기로 호흡하지 못하면 바로 죽을 수밖에 없다. 어쩌면 하나님이 아담의 콧속으로 불어넣은 생기는 오늘날 우리가 들이마시는 공기가 아닐까 하는 생각도 잠시 해본다. 만약 그렇다면 우리는 하나님의 생기 없이는 잠시 잠깐, 단 한 순간도 살 수 없는 존재들인 것이다.

우리는 아무런 대가 없이 이 공기를 마음껏 마시며 살고 있다. 하나님이 인간의 생존에 직결되는 공기나 물 같은 자원을 값없이 거저 주셨기 때문이다. 우리가 이 사실을 깊이 묵상한다면 만물에 깃든 하나님의 임재를 더욱 가깝게 느낄 수 있을 것이다.

하나님은 흙으로 인간을 만드셨다. 그리고 그 코에 생기를 불어넣어 살아 숨 쉬게 하셨다. 나는 하나님의 인간 창조 과정이 인간의 역사 속에서 남자와 여자가 만나 가정을 이루고 아이를 낳는 것을 통해 재현되고 있는 게 아닌가 하는 생각도 해본다. 정자와 난자가 만나 세포를 이루고, 이 세포가 분열을 거듭한 끝에 엄마의 자궁 속에서 아이로 만들어지고 때가 되면 자궁 밖으로 나와 세상과 만나게 되는 이 모든 과정은 하나님께서 아담을 창조하신 것과 같은 놀라운 기적의 연속이다. 물론 의사들이 이 과정 중 극히 일부에 개입하고 있긴 하지만, 사실 그들은 단지 생명탄생의 기적이 잘 진행되고 있는지를 관찰하고 약간의 도움을 제공할 뿐이다. 과학기술이 아무리 발달한다 해도 정자와 난자를 인공적으로 만들 수는 없기 때문이다.

인간이 독립된 생명체로서의 삶을 시작하는 때는 세상 밖에서 처음으로 자신의 폐로 호흡하는 순간이다. 마치 하나님께서 아담을 만드시고 마지막에 코에 생기를 불어넣으신 것처럼 말이다. 하긴 설계자가 같으니 두 방식이 서로 비슷한 게 당연할 것이다.

아담을 창조하신 이래로 하나님께서는 지금도 모든 인간을 만드신 다음 코에 생기를 넣어 생명체로 완성해주신다. 창세기에 나타난 인류 창조의 기적은 지금도 계속되고 있고, 어떤 인간도 하나님의 개입 없이는 세상에 나올 수 없다.

음식과 공기 성분의 조화

인체의 수많은 기능 중 생명과 직결된 것을 두 가지만 꼽으라면 소화 현상과 호흡 현상을 들 수 있다. 우리가 먹는 음식은 크게 탄수화물, 단백질, 그리고 지방질로 나뉜다. 탄수화물은 탄소(C)와 수소(H)의 화합물이다. 그 안에 포함되어 있는 탄소와 수소의 수에 따라 수없이 많은 종류의 탄수화물이 존재하지만 기본 구성단위는 탄소와 수소, 단 두 가지뿐이다. 지방질은 탄소와 수소만으로 이루어져 있다는 점에서는 탄수화물과 같지만, 그 수가 탄수화물에 비해 월등히 많다는 차이가 있다. 달리 말하면 지방질이 탄수화물에 비해 옥탄가가 높다.

단백질은 탄수화물에 질소(N)가 첨가된 것일 뿐 본질적인 조성은 탄수화물과 큰 차이가 없다. 단백질은 여러 기능을 하지만 주로 우리 몸의 대부분을 이루는 재료 역할을 한다. 주요 에너지원인 탄수화물이나 지방질의 섭취가 원활히 이루어지지 않을 때는 단백질이 에너지원으로 쓰이기도 한다. 결국 핵심 에너지원인 탄소와 수소가 호흡을 통해 우리 몸으로 유입된 산소와 만나 '산화반응'이라는 화학작용을 일으킬 때 에너지가 방출되는 것이다.

간단히 말해 인간은 생명 유지를 위해 탄수화물, 지방, 단백질로 구성된 음식물을 섭취해야 하며 음식물이 소화 과정을 거쳐 체내로 흡수되면 호흡을 통해 들어온 산소와 세포 내에서 산화 반응을 일으켜 에너지를 얻는다.[3)]

지구를 에워싼 공기의 성분 중 약 78%가 질소이고, 산소는 21%, 나머지는 아르곤(0.934%), 이산화탄소(0.03%), 기타 헬륨, 네온, 크립톤, 크세논, 산화질소, 일산화탄소, 수증기 등이다.

요가에서 정확한 호흡법을 익히는 데 많은 시간을 할애하는 이유는 호흡을 통해 몸의 균형을 유지하기 위해서다. 한의학에서는 호흡을 관장하는 폐를 몸 전체를 지휘하는 오케스트라 지휘자에 비유하기도 한다. 그만큼 호흡은 인간에게 중요하다. 사람은 분당 6.8L나 되는 엄청난 양의 공기를 들이마신다.[4)] 인간이 살아가기 위해서는 충분한 양의 산소가 필요한데, 엄마 배 속에서 열 달을 채우지 못하고 태어난 미숙아들은 아직 폐가 발달하지 않아 호흡만으로 필요한 만큼의 산소를 공급받기 힘들다. 따라서 미숙아는 태어난 후 일정기간 동안 인큐베이터에서 지내게 된다. 인큐베이터 속의 산소 농도는 보통 30-40% 사이인데 아기의 폐 상태가 너무 나쁠 경우 한동안 농도 100%의 산소를 주기도 한다. 하지만 산소 농도가 너무 높아도 아기에게 위험할 수 있다. 인큐베이터 속의 산소 농도가 지나치게 높아지면 아기의 혈관 속으로 산소가 들어가 눈에 이상을 일으킬 수 있기 때문이다.

산소는 화학반응을 일으키기 쉬운 기체다. 산소가 다른 성분과 만나 산화반응이 일어나면 열이 발생한다. 나무나 기름이 타거나 폭탄이 터질 때 발생하는 엄청난 열이 바로 급속한 산화반응의 결과다. 우리 몸에서도 끊임없이 산화반응이 일어나는데, 이 때문에 사람은 3-5분만 산소를 마시지 않아도 죽을 수 있다. 하지만 만약 공기 중에 산소가 너무 많다면 화재를 진압하기 어려운 것은 물론이고, 금속이 금방 녹스는 현상이 매우 빈번하게 일어날 것이다.

한편, 공기의 성분 중 가장 많은 비중을 차지하는 질소는 화학반응을 잘 일으키지 않는 물질이다. 사람이 질소를 들이마셔도 질소는 인체에 거의 영향을 미치지 않고 그대로 배출된다. 과자봉지에 질소를 충전물로 사용하는 것도 이러한 이유에서다. 질소는 과자와 화학반응을 일으키지 않는다.

질소는 동식물의 몸을 이루는 단백질 성분에도 포함되어 있다. 이 생물이 죽어 부패하면 질소는 대기의 일부가 되는 것이다. 질소가 생물의 구성 성분이 되었다가 다시 공기 중으로 돌아가는 이 과정을 '질소 순환'이라고 한다. 그러나 지구를 이루는 원소 중 극히 미미한 비중을 차지하는 질소가 대기 중에 유독 많이 포함되어 있는 이유는 아직도 과학적으로 명확히 규명되지 않고 있다.[5)]

크리스천 과학자의 입장에서는 하나님이 공기 중의 질소와 산소 농도를 가장 적절한 수치로 맞춰놓으셨다고밖에는 볼 수 없다. 우리 하나님은 신묘막측한 분이시니 말이다.

/ 도움말 /

양현숙(건국대학교 의과대학 심장내과 교수), 정병준(산부인과 전문의), 최임정, 오명선(이상 소아과 전문의)

/ 주 /

1) 윤운중 『윤운중의 유럽미술관 순례』(모요사, 2013), 55-65.
2) 문국진, 『그림으로 보는 신화와 의학』(예담, 2006), 260-264.
3) 이왕재, 『비타민 C가 보이면 건강이 보인다』(건생, 1998), 38-44.
4) 마이클 로이젠, 메멧 오즈, 『내 몸 사용 설명서』(김영사, 2005), 153-154.
5) blog.naver.com/siencia/220098335629

/ 참고자료 /

- 안효섭, 『소아과학』(미래엔, 2012), 676-677.
- "Fetal circulation," Wikipedia.

/ 그림출처 /

Wikipedia.

7장

사무엘서에
페스트가
기록되었다고?

그림1. "1720년 흑사병이 번지는 마르세유 지방에서 헌신하는 벨죈스 전하"(니콜라 앙드레 몽시오, 18세기)

그들이 이르되 이스라엘 신의 궤를 보내려거든 거저 보내지 말고 그에게 속건제를 드려야 할지니라. 그리하면 병도 낫고 그의 손을 너희에게서 옮기지 아니하는 이유도 알리라 하니, 그들이 이르되 무엇으로 그에게 드릴 속건제를 삼을까 하니, 이르되 블레셋 사람의 방백의 수효대로 금 독종 다섯과 금 쥐 다섯 마리라야 하리니 너희와 너희 통치자에게 내린 재앙이 같음이니라. 그러므로 너희는 너희의 독한 종기의 형상과 땅을 해롭게 하는 쥐의 형상을 만들어 이스라엘 신께 영광을 돌리라. 그가 혹 그의 손을 너희와 너희의 신들과 너희 땅에서 가볍게 하실까 하노라(사무엘상 6:3-5).

이는 온 성읍이 사망의 환난을 당함이라. 거기서 하나님의 손이 엄중하시므로 죽지 아니한 사람들은 독한 종기로 치심을 당해 성읍의 부르짖음이 하늘에 사무쳤더라. 여호와의 궤가 블레셋 사람들의 지방에 있은 지 일곱 달이라. 블레셋 사람들이 제사장들과 복술자들을 불러서 이르되 우리가 여호와의 궤를 어떻게 할까 그것을 어떻게 그 있던 곳으로 보낼 것인지 우리에게 가르치라. 그들이 이르되 이스라엘 신의 궤를 보내려거든 거저 보내지 말고 그에게 속건제를 드려야 할지니라. 그리하면 병도 낫고 그의 손을 너희에게서 옮기지 아니하는 이유도 알리라 하니, 그들이 이르되 무엇으로 그에게 드릴 속건제를 삼을까 하니, 이르되 블레셋 사람의 방백의 수효대로 **금 독종 다섯과 금 쥐 다섯 마리라**야 하리니 너희와 너희 통치자에게 내린 재앙이 같음이니라. 그러므로 너희는 너희의 **독한 종기의 형상과 땅을 해롭게 하는 쥐의 형상을** 만들어 이스라엘 신께 영광을 돌리라. 그가 혹 그의 손을 너희와 너희의 신들과 너희 땅에서 가볍게 하실까 하노라(사무엘상 5:11-6:5).

> 벧세메스 사람들이 여호와의 궤를 들여다 본 까닭에 그들을 치사 (오만)**칠십 명**을 죽이신지라. 여호와께서 백성을 쳐서 크게 살륙하셨으므로 백성이 슬피 울었더라(사무엘상 6:19).

인류 역사는 줄곧 전염병과 투쟁해온 역사이기도 하다. 눈부신 의학의 발달에도 불구하고 전염병은 쉽사리 사라지지 않고 있다. 시대에 따라 구체적 병명은 다르지만 지금도 지구 어딘가에서는 그 투쟁이 계속되고 있을 것이다.

서양 최초의 문학작품 『일리아스』는 역병이 창궐하는 장면으로 이야기를 시작한다. 트로이와 전쟁 중이던 그리스군의 총사령관 아가멤논은 태양신 아폴론을 섬기는 사제의 딸을 포로로 잡아간다. 이에 분노한 아폴론이 병을 전염시키는 화살을 쏘았고, 동시에 그리스 전역은 역병으로 뒤덮이게 된다. 이처럼 인류의 역사가 시작된 지 몇천 년이 지난 뒤에도 질병의 발생과 치료는 여전히 신의 몫으로 여겨졌다. 바로 이 때문에 '히포크라테스'(기원전 429?-347)는 질병의 발생과 치료의 주도권을 '신'에게서 '자연'으로 돌려놓은 공로로 후대로부터 '의학의 아버지'라는 칭송을 받게 된다.[1)]

2014년 서아프리카에서는 만 명이 넘는 사람이 에볼라 바이러스에 감염되어 사망했다. 사태가 너무 심각해 급기야는 국경을 폐

쇄하고 국경을 넘는 사람에게 발포 명령을 내리는 나라까지 생겼다. 첨단 의학의 발달로 인간의 수명이 늘어나고 삶의 질 또한 높아져 못 고칠 병이 없을 것처럼 자신만만해하던 의학계로서는 참으로 난감한 일이 아닐 수 없었다. 최첨단을 달리는 현대에 이런 원초적인 방법까지 동원해야 하다니 말이다. 물론 '지맵'이라는 실험단계의 에볼라 치료제를 투여받은 후 완치된 사람들도 있다. 하지만 사실은 의료진들조차도 이들의 완치가 이 약 때문인지는 확신하지 못했다. '지맵'을 투여받고도 사망한 사람이 있는가 하면, 에볼라 감염자의 약 50%가 약을 투여받지 않고도 살아남았기 때문이다. 현대의학은 아직도 전염병의 예방 및 치료에 분명한 한계를 가지고 있는 것이다.

4년 반에 걸친 제1차 세계대전에서 약 850만 명의 사망자가 발생했다. 그에 반해 전쟁이 끝날 무렵 약 2년에 걸쳐 유행한 '스페인 독감'에 걸려 죽은 사람은 그보다 몇 배나 많은 2,500-5,000만 명에 달한다고 한다. 당시 후진국이었던 인도와 중국에서는 너무 많은 사람이 목숨을 잃어 사회 기능이 마비될 정도였다고 하니 실제 사망자는 이보다 훨씬 많았을 수 있다.[2)] 최초의 항생제 페니실린이 대량생산되었던 제2차 세계대전에 이르러서야 비로소 전염병으로 인한 사망자 수가 전사자 수를 넘어서지 않게 되었다.[3)]

역사를 돌이켜보면 인류를 공포에 떨게 했던 수많은 전염병

중에서도 가장 큰 두려움의 대상이 되었던 것은 단연코 페스트(pest)일 것이다. 노벨 문학상 수상자 알베르 카뮈(Albert Camus, 1913-1960)는 『페스트』(*La Peste*, 민음사, 2011)라는 제목의 작품을 쓰기도 했다. 그만큼 페스트는 당시 유럽인들에게 역병의 대명사로 각인되어 있었다.

심지어는 요한계시록에 등장하는 4번째 인이 페스트라고 주장하는 사람들도 있다.[4)]

그림2. "아스도의 흑사병"(니콜라 푸생, 17세기)

> 넷째 인을 떼실 때에 내가 넷째 생물의 음성을 들으니 말하되 오라 하기로 내가 보매 청황색 말이 나오는데 그 탄 자의 이름은 사망이니 음부가 그 뒤를 따르더라. 그들이 땅 사분의 일의 권세를 얻어 검과 흉년과 사망과 땅의 짐승들로써 죽이더라(요한계시록 6:7-8).

도대체 인류를 덮치는 치명적인 전염병들은 어떤 경로를 통해 유입되고, 어떤 과정을 거쳐 사라지는 것일까? 이에 관해서는 아직 알려지지 않은 부분들이 많다. 전염병이 인류를 향한 신의 징벌이라고 주장하는 사람들도 있는데, 의학자들은 이런 질병들이 대부분 다른 동물 종으로부터 왔을 것이라고 추정하고 있다. 학계에서는 에이즈는 아프리카 원숭이에서, 결핵은 소나 새로부터, 에볼라 같은 출혈열은 설치류나 원숭이에서, 사스(SARS)는 사향고양이, 오리, 돼지로부터, 조류독감은 가금류와 조류, 신종 인플루엔자는 돼지와 조류, 메르스(MERS)는 낙타로부터 옮겨왔다고 보고 있다.

현대에는 급격한 도시화와 환경오염에 따라 세균이나 바이러스 같은 미생물들의 서식 환경 역시 변화하여 본래는 동물만 전염시켰던 세균이나 바이러스가 인간에게까지 감염되는 바이러스로 변형되었다. 그러자 이에 대한 면역체계가 형성되지 않은 인간들이 속수무책으로 쓰러졌고, 교통의 발달로 전염병의 전파 속도 또한 건잡을 수 없이 빨라졌다. 뿐만 아니라 도덕적 해이로 인해 성생활이 문란해지면서 새로운 전염병들이 생겨났고, 이는 신체 접촉을 매개로 빠르게 퍼져나갔다.

사무엘상 5-6장에는 아스돗에서 시작된 전염병으로 이스라엘로부터 언약궤를 빼앗은 블레셋 사람들이 무수하게 죽어 나가는 사건이 발생한다.

> 블레셋 사람들이 하나님의 궤를 빼앗아 가지고 에벤에셀에서부터 아스돗에 이르니라. 블레셋 사람들이 하나님의 궤를 가지고 다곤의 신전에 들어가서 다곤 곁에 두었더니 아스돗 사람들이 이튿날 일찍이 일어나 본즉 다곤이 여호와의 궤 앞에서 엎드러져 그 얼굴이 땅에 닿았는지라. 그들이 다곤을 일으켜 다시 그 자리에 세웠더니 그 이튿날 아침에 그들이 일찍이 일어나 본즉 다곤이 여호와의 궤 앞에서 또다시 엎드러져 얼굴이 땅에 닿았고 그 머리와 두 손목은 끊어져 문지방에 있고 다곤의 몸뚱이만 남았더라. 그러므로 다곤의 제사장들이나 다곤의 신전에 들어가는 자는 오늘까지 아스돗에 있는 다곤의 문지방을 밟지 아니하더라. 여호와의 손이 아스돗 사람에게 엄중히 더하사 독한 종기의 재앙으로 아스돗과 그 지역을 쳐서 망하게 하니 아스돗 사람들이 이를 보고 이르되 이스라엘 신의 궤를 우리와 함께 있지 못하게 할지라. 그의 손이 우리와 우리 신 다곤을 친다 하고(사무엘상 5:1-7).

그들은 언약궤가 장소를 옮겨갈 때마다 수많은 사람들이 독한 종기로 숨지자 차라리 궤를 돌려주고 전염병을 몰아내는 편이 낫겠다고 판단하여 이스라엘로 궤를 반환한다. 그러자 이번에는 궤를 돌려받은 유대인들 중 (5만) 70명이 궤를 들여다보았다는 이유로 죽게 된다.

> 벧세메스 사람들이 여호와의 궤를 들여다본 까닭에 그들을 치사 (오만) 칠십 명을 죽이신지라. 여호와께서 백성을 쳐서 크게 살륙하셨으므로 백성이 슬피 울었더라(사무엘상 6:19).

민수기 4:15에 성물을 만지면 죽는다는 율법이 나오고 사무엘하 6:7에 궤를 만진 웃사가 죽는 사건이 언급되긴 하지만 궤를 들여다본 사람이 70명이나 되었다고는 믿기 어렵다. 더군다나 5만 70명이라고 기록한 사본에 의해 우리가 보는 한글 성경에는 모두 (오만)칠십 명이라고 적혀 있다. 그 숫자가 5만 70명인지 70명인지에 대해서는 신학자들 사이에서도 의견이 분분하다. NIV 해설성경은 본문에 70명으로 기재해놓았고, 각주에 70명이라고 적힌 사본은 소수(a few)이며 대부분(most)의 사본이 50,070명으로 기록해놓고 있으나 5만이라고 적은 것은 필사자의 실수였을 가능성이 높다는 견해를 실었다. 저명한 유대 역사기록학자 플라비우스

요세푸스(Flavius Josephus)도 70명이라는 설을 지지했다.

하지만 기원전 3세기에 유대학자 72명이 헬라어로 번역한 구약성경 70인역에는 이 부분이 "**헤브도메콘타 안드라스 카이 펜테콘타 킬리아다스 안드론**"(ἑβδομήκοντα ἄνδρας καὶ πεντήκοντα χιλιάδας ἀνδρῶν 직역하면 칠십 명과 오만 명)으로, 흠정역(KJV)에는 "fifty thousand and threescore and ten men"으로 기록되어 있어 모두 50,070명으로 번역했다. 현재 유대인들이 사용하는 히브리 성경에도 5만 70명이라는 뜻의 "**쉬브임 이쉬 하미쉼 엘레프 이쉬**"(שבעים איש חמשים אלף איש)로 기록되어 있다. 어떤 문헌에서는 히브리어로 5만 70명을 "천 명에 오 명씩 도합 70명"으로 해석할 수도 있다고 하는데 이 같은 주장을 뒷받침하는 근거는 찾아보기 어렵다.

상식적으로 70명이 궤를 들여다보기도 힘든데, 5만 70명이나 되는 사람이 궤를 들여다볼 수는 없는 일이다. 물론 궤를 들여다본 죄로 죽은 사람도 있었겠지만, 그 수가 70명이건 5만 70명이건 궤를 들여다본 일 외에 무슨 다른 일이 있었던 것만은 틀림없어 보인다.

어떤 의학자들은 블레셋 사람이 궤를 돌려줄 때 다섯 마리의 황금 생쥐와 황금 독종을 제물로 바친 사실을 근거로 블레셋 사람들과 유대인들의 사인이 페스트였을 것이라고 주장하기도 한다.

그러므로 너희는 너희의 독한 종기의 형상과 땅을 해롭게 하는 쥐의 형상을 만들어 이스라엘 신께 영광을 돌리라. 그가 혹 그의 손을 너희와 너희의 신들과 너희 땅에서 가볍게 하실까 하노라(사무엘상 6:5).

사무엘상 6:5에서 알 수 있듯이 블레셋 사람들은 그들을 지독히도 괴롭혔던 독종(tumor)과 쥐의 형상을 황금으로 만들어 궤와 함께 돌려보내며 전염병이 사라지기를 기원했다.[5] 나는 의학자로서 금으로 생쥐를 만들었다는 이야기를 듣고는 눈이 번쩍 뜨였다. 쥐 하면 가장 먼저 연상되는 질병이 페스트이기 때문이다.

만약 이들의 사인이 정말 페스트였다면 대부분의 사본에 적혀 있는 대로 5만 70명이 사망했을 수도 있다. 그랬다면 전염병에 대한 개념이나 이해가 없었던 당시 사무엘상의 기록자로서는 유대인들 중 누군가가 궤를 들여다본 죄의 대가로 민족 전체가 떼죽음을 맞았다고 볼 수밖에 없었을 것이다.

4세기에 로마제국은 로마에 수도를 둔 서로마 제국과 터키의 콘스탄티노플을 수도로 한 동로마 제국으로 분리된다. 이 중 서로마 제국은 고트족과 반달족의 침입으로 5세기 말에 붕괴된다. 반면 동로마 제국은 무사히 살아남아 6세기 중엽 유스티니아누스 황제 시절에는 게르만족으로부터 서쪽 영토를 다시 빼앗기 시작하였다. 이때 일명 '흑사병'이라 불린 '페스트'가 유행하게 된다.

이 전염병은 540년 이집트 남부를 시작으로 펠루시움 항구를 통해 콘스탄티노플까지 퍼졌다. 페스트는 하루 만 명 이상의 사망자를 내면서 로마 주민의 40%를 희생시킨 뒤 지중해의 해안 도시를 따라 빠르게 퍼져나갔고 6년 동안 이탈리아, 스페인, 프랑스, 영국, 덴마크를 휩쓸었다. 유럽 인구가 절반으로 줄어들고 난 뒤에야 비로소 페스트는 역사 속에서 자취를 감췄다. 하지만 오늘날까지도 이 역병이 어떻게 사라졌는지는 아무도 알지 못한다.[6]

페스트 환자는 발병 초기에 부스럼 증세를 보이다가 전신의 피부가 점차 검게 변하며 끝내는 죽음에 이르게 된다. 이 병에 '흑사병'(黑死病)이라는 이름이 붙은 이유도 피부 내에 생긴 출혈로 인해 환자들의 피부색이 검어지기 때문이다. 페스트의 원인균은 예르시니아 페스티스(Yersinia Pestis)인데, 주로 쥐로 대표되는 설치류에 기생하는 쥐벼룩을 통해 전파된다. 이 병균은 자연 숙주인 설치류의 몸에 있을 때는 치명적이지 않지만 낯선 종과 만났을 때는 치명적인 결과를 초래한다. 인간과 설치류가 함께 있는 상황에서 감염될 수 있으며, 만일 기침 등의 경로를 통해 인간끼리 전

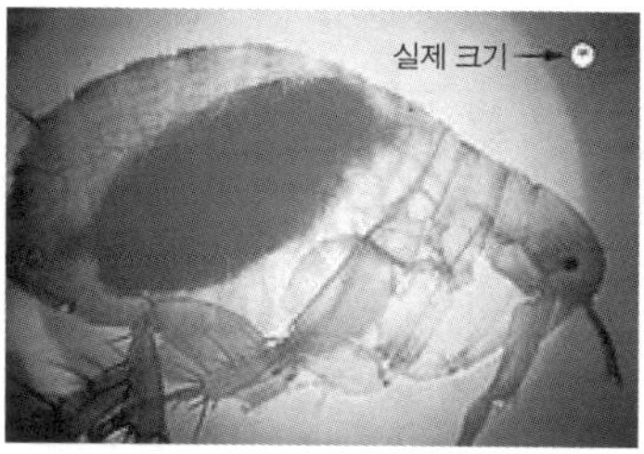

그림3. 흑사병의 원인균

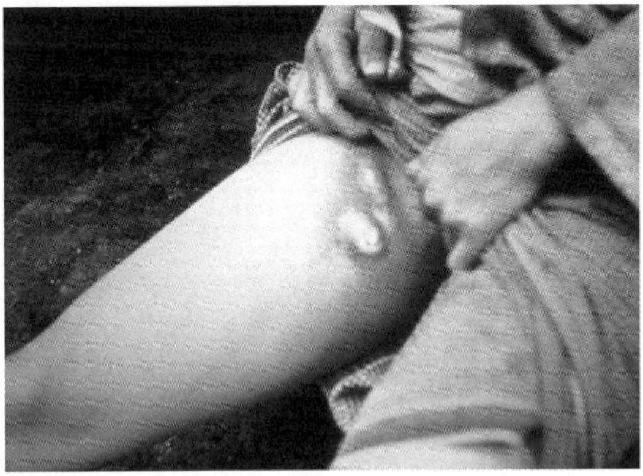

그림4. 흑사병으로 인한 허벅지 종창

염된다면 큰 재앙을 유발할 수도 있다. 어떤 역사가들은 블레셋 사람들이 만든 금 독종이 페스트 환자의 겨드랑이와 사타구니, 목에 생기는 사과만 한 크기의 림프선 종창이라고 주장하기도 한다.

14세기 이탈리아 작가 조반니 보카치오(Giovanni Boccaccio, 1313-1375)는 『데카메론』(작은길, 2014)에서 흑사병이 피렌체를 덮쳤던 1348년 당시의 상황을 생생하게 기록했다.

> 여기서는 남자나 여자 가릴 것 없이 사타구니와 겨드랑이 여기저기에 작은 사과나 달걀만 한 종기가 생겨났습니다. 그리고는 순식간에 몸 구석구석으로 퍼져나갔지요. 크지만 수가 적은 때도 있고 작은 종기가 빼곡한 때도 있었지만, 양쪽 모두 죽음을 면치 못하기는 매한가지

였습니다. 어떠한 의술이나 약을 동원하여도 이 병을 당해내지는 못했습니다. 하루 이틀의 차이는 있었지만 환자 대부분은 종기가 생긴지 사흘째 되는 날, 열이 나는 것도 아니고 다른 부차적인 증상이 있던 것도 아닌데 그냥 죽어버렸습니다.[7)]

페스트의 두 번째 대유행은 14세기 유럽에서 일어났다. 두 번째 유행은 첫 번째 유행보다 더 큰 피해를 남겼다. 정확한 수치는 알 수 없지만 당시 기록에 따르면 유럽 인구가 약 4분의 1에서 절반 사이로 줄었다고 한다. 흑사병의 습격으로 동로마 제국이 붕괴되었고, 유럽뿐 아니라 북아프리카도 폐허가 되었다. 이슬람 세계와 인도 또한 인구의 3분의 1을 잃었다.

전염성 질병에 대한 이해가 전무했던 당시에는 환자가 발생해도 달리 손쓸 방법이 없었다. 따라서 역병이 발생하면 이를 천벌로 여기고 특정 개인과 집단에게 죄를 묻기 급급했다. 흑사병이 유럽을 휩쓸던 당시에는 예수님을 못 박아 죽인 유대인들이 죄인으로 지목되어 전 유럽에서 대학살이 일어났다. 기록에 따르면 독일 마인츠에서만 1만 2,000명의 유대인들이 산 채로 불태워졌다고 한다. 이 때문에 유대인들은 서유럽에서 동유럽으로 대이동을 하게 된다. 살아남은 자들은 구원을 빌기 위해 교회로 몰려들었다. 외교관 출신 작가 필립 지글러(Philip Ziegler)는 그의 책에서 흑사병을 빌미로 자행된 유대인 학살은 유럽을 잔인하게 휩쓴 자연의 힘에 인간 역시 잔혹함으로 맞섰던 기이하고 부끄러운 일이라고 기술했다.[8)]

한편 페스트의 원인을 마녀들 탓으로 돌리는 마녀재판도 자주 열렸다. 마녀와 육체관계를 맺었다는 죄목으로 처형된 사람이 독일에서는 1404년 한 해에만 최소 3천 명이 넘었다.[9)] 일반인들 사이에서는 마을 주민 전체가 광란에 빠진 채 미친 듯이 춤을 추는 죽음의 무도가 유행했고, 가톨릭에서는 경건한 행진이 하나님의 분노를 누그러뜨릴 수 있다는 믿음으로 2천 명이 넘는 사람들이 행진을 벌이기도 했다. 대규모 행진이 사람들의 불안과 불만을 어느 정도 잠재워주기는 했지만, 그런 집회를 개최하면 할수록 페스트의 확산 속도는 오히려 더 빨라졌다. 결국 교황 클레멘스 6세는 군중 집회를 금지시켰다. 페스트를 피하는 또 다른 방법으로는 환자의 고립이나 격리가 있었는데, 교황 역시 교황청 소속 의사의 조언을 받아들여 이 방법에 따랐다.

결과적으로 가톨릭은 이 재앙에 대해 납득할 만한 설명을 제시하지 못했고, 사람들은 가톨릭 사제들이 일반 신도와 다를 바 없이 병 앞에 무력하게 죽어가는 모습을 흥미롭게 지켜보았다. 사제들이 더는 초인간적인 권위를 주장하기 힘들어진 것이다. 이를 근거로 일각에서는 페스트가 16세기에 일어난 종교개혁에도 일정

부분 영향을 끼쳤다고 주장하기도 한다.[10)]

페스트균이 유럽 전역에 전파된 데에는 쥐와 벼룩이 큰 역할을 했다. 그러나 당시 쥐와 벼룩은 너무나 흔한 생물이었기 때문에 아무도 이를 페스트균의 매개체로 의심하지 않았다. 페스트균의 실체는 19세기 중엽이 되어서야 프랑스의 세균학자 루이 파스퇴르에 의해 규명되었다. 제3차 페스트 유행은 19세기 말부터 20세기 초에 중국에서 시작되어 홍콩을 거쳐 전 세계 항구도시를 강타했다. 당시 전 세계 흑사병 사망자는 약 1,300만 명으로 추산된다.

오늘날에도 흑사병이 완전히 사라졌다고는 단언하기 힘들다. 1994년 인도에서 항생제 내성 페스트가 발생했고, 가장 최근에는 2006년 콩고 민주공화국에서 페스트로 50명이 사망했다. 최근에도 미국, 중국, 인도 등에서 산발적으로 환자가 발생하고 있다. 물론 지금은 적절한 시기에 항생제 치료를 받으면 생존할 확률이 높지만, 치명적인 항생제 내성균이 나타날 경우 무슨 일이 벌어질지는 아무도 모른다.

성경에 여러 차례 기록된 대규모의 유행병에 대해 의학적으로 완벽히 규명하기는 불가능하며 그럴 필요도 없다. 하나님은 기적적으로 병을 일으키기도 하시고 잠재우기도 하시기 때문이다. 하지만 우리는 하나님의 이적이 많은 경우 자연법칙을 통해 일어난다는 것 또한 알고 있다. 사무엘상 6장에 기록된 치명적인 전염병도 이 같은 맥락에서 생각해볼 수 있다.

만일 성경에 언급된 다른 전염병도 사무엘상과 같이 자세히 기록되어 있었다면 그 원인을 의학적으로 추론해볼 수 있을 것이다. 그런 시각에서 성경을 본다면 성경을 더욱 사실적으로 이해할 수 있을 것이다. 하지만 유대인 사망자가 정확히 몇 명이었는지는 우리의 믿음에 아무런 영향도 미치지 못한다. 다만 중요한 것은 성경이 당시의 사실을 있는 그대로 기록한 책이기 때문에 자연과학이 발달할수록 그 진실성이 더욱 명확히 입증될 수밖에 없다는 사실이다. 페스트가 세 차례에 걸친 대재앙을 인류에 안겼다고 알고 있는 이들이 많지만, 어쩌면 최초의 페스트는 기원전 1,000년경 사무엘 시대에 발생했었을지도 모른다.[11)]

/ 도움말 /

이수화(가톨릭대학교 의과대학 가정의학과 교수), 박찬진(전 전남대학교병원 병원장, 마취과 전문의)

/ 주 /

1) 황상익 등, 『의학 오디세이』(역사 비평사, 2007), 17-19.

2) 위의 책, 17-19.

3) 아노카렌, 『전염병의 문화사』(사이언스북스, 2001), 13-14.

4) 위의 책, 14.

5) 위의 책, 91.

6) 위의 책, 114-124.

7) 스잔 스콧, 크리스토퍼 던컨, 『흑사병의 귀환』(황소자리, 2005), 32-33.

8) 필립 지글러, 『흑사병』(한길사, 2003), 135.

9) 유재덕, 『우리가 지금껏 알지 못했던 기독교 역사』(브니엘, 2013), 141.

10) 위의 책, 35-40.

11) 크리스틴 스웬슨, 『가장 오래된 교양』(사월의책, 2010), 462.

/ 그림출처 /

Wikipedia.

8장

성경에 기록된 **한센병의 정체는** 무엇일까?

그림1. "산상설교와 나병 환자의 치유"(코시모 로셀리, 1481-1482)

그러나 제사장이 보기에 그 색점에 흰 털이 없으며 그 자리가 피부보다 얕지 아니하고 빛이 엷으면 그는 그를 이레 동안 가두어둘 것이며 이레 만에 제사장이 그를 진찰할지니 만일 병이 크게 피부에 퍼졌으면 그가 그를 부정하다 할 것은 나병의 환부임이니라(레위기 13:26-27).

개역개정판 성경이 출간되면서 개역판 성경에 쓰였던 '문둥병'(48회), '문둥이'(Leper, 12회)라는 용어는 모두 '나병'으로 바뀌었다. '문둥병'과 '문둥이'라는 표현이 장애인을 지칭하는 비속어이기 때문에 인권침해의 소지가 있어 변경되었는데, 어쩌면 다음 개정 때에는 '나병'을 '한센병'으로 고쳐 써야 할 것이다.

나병이라는 용어의 기저에도 혐오의 정서가 깔려 있기 때문이다. 이 병은 현재는 1873년에 원인균인 나균(Mycobacterium leprae)을 발견한 노르웨이 의사의 이름을 따서 '한센병'이라고 부르고 있다. 일례로 정부의 행정용어도 '한센병'으로 통일하여 쓰고 있다.[1)]

2014년 성탄절 이브에 국내 최고의 구독률을 자랑하는 중앙지에서 어떤 목사님의 글을 읽은 적이 있다. 한국교회를 대표하는 목회자로 주목받고 있는 분이었는데, 나환자가 고침 받는 내용의 설교를 했다가 TV 방송을 통해 그 설교를 들은 한센인들로부터 항의를 받았다는 내용이었다. "한센병이나 피부 질환이라는 용어를 사용해야지 왜 나병이라는 표현을 적나라하게 사용했느냐"

는 이유에서였다. 목사님도 결코 그분들을 폄훼할 의도는 없었기에 너무 당황스러웠지만 다음날 한센인 협회 사무실을 방문해 사과하고 앞으로는 나병이라는 말 대신 한센병이나 피부 질환이라는 용어를 쓰기로 약속했다고 한다.

영화 "벤허"는 벤허의 가족이 십자가를 진 예수님을 만나 기적적으로 한센병을 고침 받는 장면으로 대미를 장식한다. 예수님이 행하신 수많은 기적 중에서 한센병 환자를 고친 것을 최고로 꼽는다는 것은 당시 사회에 한센병에 대한 인식이 그만큼 나빴다는 방증이다. 물론 의학의 발달로 치료가 가능해진 지금도 한센병 환자에 대한 사회적 낙인이 완전히 사라진 것은 아니다. 전 세계적으로 한센병 환자들을 돌보는 기관에 '나자로'라는 이름이 쓰이는데, 이때 나자로는 요한복음 11장에 등장한 예수님의 친구 나사로를 말한다. 나사로는 예수님의 능력으로 죽었다가 다시 살아난 인물이다. 요한은 예수님의 십자가 사건 다음으로 이 이야기에 많은 지면을 할애하고 있다. 유대 지도자들에게는 부활한 나사로의 존재가 눈엣가시 같았다. 죽었다 다시 살아난 나사로로 인해 많은 사람이 예수님을 믿었기 때문이다. 그들은 예수님을 십자가에 못 박은 후 나사로도 제거할 요량으로 갖은 명분을 만들기 시작했다.

대제사장들이 나사로까지 죽이려고 모의하니 나사로 때문에 많은 유대인이 가서 예수를 믿음이러라(요한복음 12:10-11).

전승에 의하면 나사로는 예수님의 십자가 사건 이후 생명에 위협을 느끼고 이스라엘에서 비교적 가까운 사이프러스 섬으로 피신했다고 한다. 그가 한센병 환자들의 수호성인이 된 배경에 관해서는 여러 가지 설이 있다.

나사로는 사이프러스 섬에서 여생을 보낸 후 그곳에서 생을 마감했고, 그의 유품들은 898년에 사이프러스에서 동로마 제국의 수도였던 콘스탄티노플로 옮겨졌다. 예루살렘의 성나자로 요양원은 나사로가 살았던 집 근처에 세워져 십자군 전쟁 시대까지 존속되었다. 그리고 1098년 제1차 십자군 원정 때 이곳에 '성나자로 수도회'가 세워졌다. 십자군 전쟁 후 귀향한 십자군들을 통해 한센병을 포함한 중동 지방의 여러 질병이 유럽에 유입되었기 때문이다. 물론 십자군 전쟁 이전에도 유럽에 한센병 환자가 있었지만 그 수가 적어서 크게 문제되지는 않았다. 그러나 십자군 전쟁을 기점으로 동방에서 유입된 환자들 때문에 유럽에는 한센병이 만연하게 되었다. 중세시대에도 성서시대와 마찬가지로 한센병 환자들은 천형으로 간주되어 사회에서 외면당했는데, '성나자로 수도회'는 이들을 적극적으로 도왔다. 십자군 전쟁 이후 유럽에는 이런 '나자로의 집'

이 수천 개나 있었다고 한다.[2)]

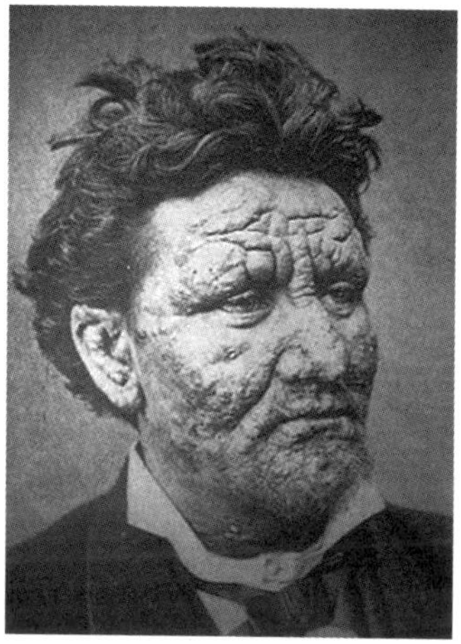

그림2. 나병 환자 사진

한센병은 말초신경을 침범하는 유일한 세균인 나균에 의해 발생하는 전신성 만성 결절성 감염병이다. 이 질병은 신경손상으로 인한 지각 상실, 근육마비, 피부 건조 등의 증상을 수반한다. 발병 초기에 손과 발이 차가워지고 촉각이 사라지다가 나중에는 얼굴이 사자같이 부풀어 오르고 경우에 따라 손가락, 발가락이 모두 떨어져 나가기도 한다. 이런 장애는 환자 자신은 물론 가족들의 삶에도 지대한 영향을 미친다. 아직도 많은 나라에서 한센병을, 사회적 배제, 강제격리의 대상으로 여기는 게 사실이다. 그만큼 발병 후 나타나는 신체적 기형 및 장애로 인한 사회적 편견이 심한 질환이다.

한센병은 우리나라의 경우 1960년대만 해도 흔한 질환이었으나 최근 들어서는 매우 드물게 발병하고 있다. 역사를 거슬러 올라가면 고려 고종 때 간행된 『향약구급방』에는 오늘날의 한센병으로 추정되는 악창이라는 질병이 나온다. 이를 통해 한센병이 우리나라에서 역사가 얼마나 깊은지 알 수 있다.

불치병으로 여겨지던 한센병은 1940년 설폰제의 도입, 1981년 WHO의 복합나화학요법 권유 이후 지속적으로 감소하여 현재는 거의 퇴치된 상태다. 하지만 일부 국가에서는 여전히 환자가 발생하고 있다. 우리나라에서도 신규등록환자가 1970년 1,292명, 1980년 499명, 1990년 157명, 2010년에는 29명이었다. 최근에는 인도, 브라질, 모잠비크, 네팔, 마다가스카르 등 5개국에서 환자가 집중적으로 발생하고 있다.[3)]

한센병은 치료는 가능하나, 예방은 힘든 병이다. 그래서 더 무서운 질병이기도 하다. 오늘날에는 의학이 발달해 완치가 가능하며 조기에 치료하면 장애를 막을 수도 있다고 알려져 있다. 따라서 WHO에서는 세계 각국에 역사가 오래된 강제수용방식 대신 통원치료, 또는 자택치료를 권하고 있다.

한센병에 대한 사회적 편견이 심한 이유는 발병 후 나타나는 신체의 기형 및 장애 때문이다. 한센병이 전염의 공포를 유발하는 것은 사실이지만 아직까지도 전염의 원인에 관해서는 알려지지 않은 부분이 많다. 수십 년 동안 한센병 환자와 같이 생활하거나 한집에 살아도 감염되지 않은 경우도 많고, 놀랍게도 전체 발병 환자 중 가족 접촉이 차지하는 비율이 그다지 높지 않다. 발병하는 데 수년에서 수십 년이 걸리기 때문에 진단도 쉽지 않다.

부산 감만동 한센병자 교회와 한센병자 요양원인 여수 애양원 교회에서 평생을 한센병 환자들과 함께 보낸 손양원 목사님은 감염되지 않은 반면 하와이의 문둥병 성자 다미엔 신부는 결국 한센병에 걸렸다. 나균이 인체에 침투하는 경로에 대해서는 아직도 정확히 밝혀진 바가 없다. 이러한 사실 때문에 한센병을 하늘이 내린 천형으로 보는 사람이 많은 것 같다. 하지만 의학 교과서에 원인이 규명되지 않은 채 기록되어 있는 질병은 한센병뿐만이 아니다. 수많은 질병이 여전히 베일에 싸여 있다. 따라서 한센병을 특별히 천형이라 여길 이유는 전혀 없다.

사실 구약성경에 나와 있는 한센병이 오늘날 우리가 말하는 한센병을 지칭하는지에 대해서도 의문의 여지가 있다. 한센병은 고대 근동에도 존재했는데, 영어 성경에서 한센병(leprosy)을 의미하는 히브리 원어 '짜라아트'(צרעת)는 의학적 상태라기보다는 종교적인 불결함을 뜻했다. 그리고 그것은 버짐, 습진, 나병, 매독과 같은 피부 질환을 통칭했던 것으로 보인다. 구약성경에는 '짜라아트'(צרעת)라는 단어가 심심찮게 나온다. 레위기 13-14장은 제사장들이 직접 진단, 격리, 완치 판정을 내렸던 피부 질환에 대해 상세히 기술하고 있다. 이때 짜라아트(צרעת)를 한글 개역판 성경은 '문둥병'으로, 개역개정판은 '나병'으로 번역하고 있다.

독일의 저명한 성경학자 그람베르크(Carl P. W. Gramberg,

1797-1830)는 레위기 13-14장에 기록된 "짜라아트"(צרעת)가 그 증상들로 볼 때 현대의 한센병과 같지 않다고 말한다. 그러므로 그는 그 말을 '한센병'이라 번역하지 말고 '아멘'처럼 히브리어 원문 그대로 두어야 한다고 주장한다(The Bible Translator, Vol 2, No 1, 10-22). 우리나라의 저명한 신학자 박윤선 목사의 성경주석도 그람베르크의 주장을 그대로 인용했다.

위클리프 성경도 주석을 달아 레위기 13-14장에 언급된 "짜라아트"(צרעת)가 오늘날의 한센병을 가리키지 않는다고 말하고 있다. 물론 우리가 한센병이라 부르는 진성 나병도 여기에 묘사된 여러 가지 비정상적인 신체적 증상 중에 포함되어 있다. 그러나 위클리프 성경 주석은 다음과 같이 적고 있다. 레위기 13-14장에 등장한 히브리 원문 "짜라아트"(צרעת)를 헬라어로 옮길 때 "레프로스"(λεπρός)라 번역했는데, 이 단어가 영어로 leprosy라고 음역되었기 때문에 이 질병을 오늘날 우리가 알고 있는 한센병으로 오인하게 되었다는 것이다.

ESV 스터디 성경도 레위기 13장의 "짜라아트"(צרעת)가 오늘날의 의학용어에 해당되는지는 불분명하다고 기술했다. 이는 비단 사람뿐만 아니라 의복이나 가죽제품(레위기 13:47-59), 심지어 집의 벽(레위기 14:34-53)에도 생기기 때문에 이 용어는 사실상 다양한 피부병을 묘사하는 데 사용되었다는 것이다.

또한 한센병은 레위기의 역사적인 배경이 되는 시기까지만 해도 근동 지역까지 알려지지 않았으며 레위기가 쓰인 지 수천 년이 지난 뒤에도 명백하게 언급된 적이 없는 질병이라고 한다.

기원전 3세기에 그리스어로 번역한 구약성경 70인역에서 '짜라아트'(צרעת)는 '레프로스'(λεπρός)로 번역되었는데, 이 단어에는 '나병에 걸린'이라는 뜻도 있지만, '피부 껍질이 비늘로 뒤덮인'(Scaly)이라는 뜻도 있다. 당시 한센병은 아직 유럽에 도달하지 못했기에 이 역시 보기 흉한 피부병이라는 뜻으로 번역된 것으로 보인다. 그로부터 약 500년이 흐른 뒤에야 비로소 그리스와 로마에서 최초로 한센병이 등장했기 때문이다.[4]

신약성경의 헬라어 원문에도 '레프로스'(λεπρός)라는 단어가 사용되었는데, 같은 이유로 현대적인 의미의 진성 한센병을 의미하는 것은 아니라고 보인다.

레위기 13-14장에는 제사장들이 직접 진단, 격리, 완치 판정을 했던 피부 질환을 집중적으로 기술해놓았는데, 영어 성경의 구번역인 흠정역(KJV)에는 leprosy(한센병)로 옮겨놓았지만, NIV에서는 모두 infectious skin disease(전염성 피부병)으로 바꾸어 적었고, NLT(New Living Translation)에서도 skin disease(피부병)로 표기했다.

또한 한센병은 피부병변이 빠르게 일어나지 않는 데 반해 레위기 13:6, 26-27 등에서는 피부병변이 매우 빠르게 일어난다는 점에서 이를 진성 한센병으로 보기는 힘들다.

> 이레 만에 제사장이 또 진찰할지니 그 환부가 엷어졌고 병색이 피부에 퍼지지 아니하였으면 피부병이라. 제사장이 그를 정하다 할 것이요 그의 옷을 빨 것이라. 그리하면 정하리라(레위기 13:6).

> 그러나 제사장이 보기에 그 색점에 흰 털이 없으며 그 자리가 피부보다 얕지 아니하고 빛이 엷으면 그는 그를 이레 동안 가두어둘 것이며 이레 만에 제사장이 그를 진찰할지니 만일 병이 크게 피부에 퍼졌으면 그가 그를 부정하다 할 것은 나병의 환부임이니라(레위기 13:26-27).

뿐만 아니라 신약과 구약을 통틀어 NIV 성경에서 leprosy(한센병)로 번역한 모든 단어에는 "The Hebrew(신약은 Greek) word was used for various disease affecting the skin - not necessarily leprosy", 즉 "이 히브리 단어(신약에서는 헬라어)는 반드시 한센병이라고 할 수는 없는 다양한 피부병을 표현하는 데 쓰였다"는 각주를 반드시 달아놓았다. 우리가 잘 알고 있는 아람 장군 나아만의 피부 질환에도 같은 각주가 달려 있다. NIV 성경에서 예외적으로 위의 각주를 달지 않은 경우는 예수님이 나병 환자 시몬의 집에서 식사하시는 이야기가 기록된 마태복음 26:6과 마가복음 14:3이다. 여기서 시몬은 "Simon the Leper"라고 번역했고, 각주에 "He was probably a well-known victim of leprosy who had been healed by Jesus"라고 표시했다. 즉 '나병 환자 시몬'이라고 표기한 것은 '그가 아마도 이전에 예수님에 의해 고침 받은 한센병이라 추정되는 병의 희생자였을 것'이라는 의미다. 한마디로 그도 한센병이라 단언할 수는 없다는 것이다.

1948년 제5차 국제나학회는 '문둥이'(Leper)라는 용어를 사용하지 않기로 결의했다. 물론 BDB처럼 이 단어를 단순히 leprosy(한센병)로 해석한 경우도 있다. 하지만 게제니우스 히브리어 아람어 사전에서는 이 단어를 한센병이 아닌 '**피부병**', 혹은 '**사람의 살갗에 나타나는 피부병**'으로 해석했고 이 단어와 관련하여 한센병은 언급하지 않고 있다. 하지만 대부분의 한글 성경은 이 단어를 계속 나병이라고 적고 있는데 앞으로 이에 대한 개선과 연구가 필요할 것으로 보인다.

이상에서 알 수 있듯이 당시 특별 관리대상이 되었던 질병은 한센병만이 아니었고 전염성이 의심되는 모든 피부 질환이었다. 고대사회에서는 성직자가 의사의 일을 겸했기에 이러한 질병을 제사장이 통틀어 관리한 것으로 보인다. 기원전 400년경에 히포크라테스가 처음으로 의사와 성직자의 직무를 분리시켰고, 세균학을 개

척한 파스퇴르에 의해 19세기에 이르러서야 비로소 전염병의 의학적 개념이 확립된 것을 감안하면 레위기에 나오는 전염병 관리는 대단히 효율적인 치료법으로 보인다. 그렇다면 한센병만이 제사장이 관리한 천형이라는 오해는 이렇듯 성경을 오역한 데서 비롯된 것이 아닐까? 우리로서는 오랜 세월 근거 없는 차별과 멸시를 받아온 한센병 환자들의 고통을 이해할 수 없을 것이다.

한센병 환자를 위한 국립소록도병원이 있는 소록도 중앙공원에는 한센병을 앓았던 시인 한하운이 쓴 시 "보리피리"를 새긴 시비(詩碑)가 있다. 이 작품에는 그가 한센병 환자로서 느꼈던 외로움과 사람을 향한 그리움이 절절하게 표현되어 있다.

보리피리 불며
봄 언덕
고향 그리워
피-ㄹ 닐니리.

보리피리 불며
꽃 청산
어린 때 그리워
피-ㄹ 닐리리.

보리피리 불며

인환(人還)의 거리

인간사 그리워

피-ㄹ 닐리리.

보리피리 불며

방랑의 기산하(幾山河)

눈물의 언덕을 지나

피-ㄹ 닐니리.

기도하는 섬, 소록도에는 5개의 교회가 있고 한센병 환자가 대부분인 거주민 중 기독교인이 90%를 차지한다. 예전에는 녹동항에서 소록도까지 배로 10여 분 거리였지만 2009년에 소록대교가 개통된 후로는 자동차로 오갈 수 있게 되었다. 아무쪼록 소록대교가 한센병 환자들에 대한 오해와 편견을 없애는 징검다리가 될 수 있기를 바란다.

/ 도움말 /

윤지석(피부과 전문의)

/ 주 /

1) 신정하, "한센병관리에서 교육홍보의 중요성", 「대한나학회지」 Vol. 39, No 2, 12월호, 2006.
2) 임철완, "라자로(Lazarus)와 한센병", 「대한나학회지」 Vol. 39, No 2, 12월호, 2006.
3) 조현호 등, "최근 6년간(2002-2007) 부산울산경남지역에 발생한 한센병 신환자 13예에 대한 연구", 「대한나학회지」 Vol. 41, No 2, 12월호, 2008. 박승규 등, "신경병성 족부궤양을 앓고 있는 소록도 한센병 환자의 임상적 특성에 대한 연구", 「대한나학회지」, 2010.
4) 아노카렌, 『전염병의 문화사』(사이언스북스, 2001), 129-131.

/ 참고자료 /

- 「국민일보」, 2010. 10. 8.

/ 그림출처 /

Wikipedia.

9장

하나님은 **유대인들에게 왜** 할례를 명하셨을까?

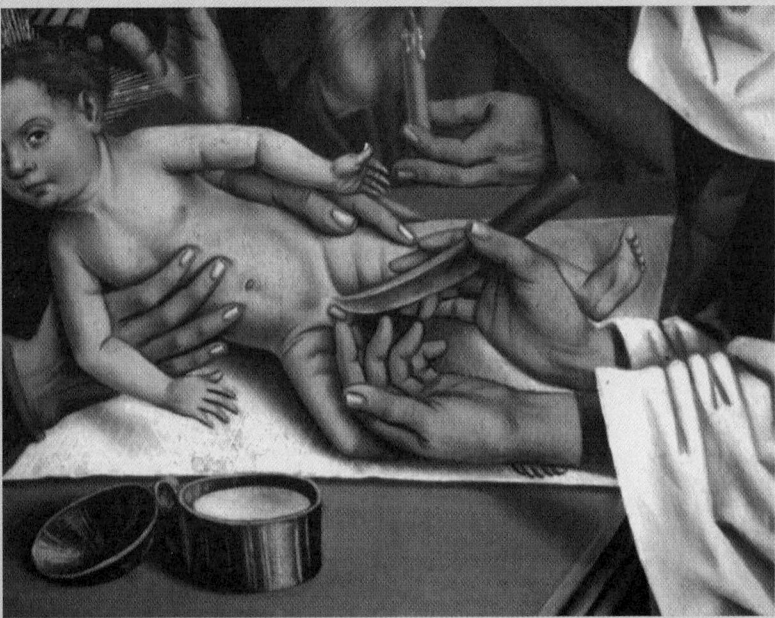

그림1. "예수님의 할례"(프리드리히 헤를라인, 1466)

너희는 포피를 베어라. 이것이 나와 너희 사이의 언약의 표징이라(창세기 17:11).

모태신앙인 필자도 중학교를 졸업할 무렵에야 성경에 나오는 '할례'(割禮)가 요즘의 '포경수술'(包莖手術)을 의미한다는 사실을 알게 되었다. 그전에는 할례가 단순히 유아세례와 비슷한 의식인 줄로만 알았다. 주일학교 때부터 할례라는 말은 많이 들었지만 그 말의 정확한 의미는 잘 몰랐던 것이다.

어린 학생들에게 할례에 대해 설명하기 어려웠기 때문일 수도 있겠지만, 비단 어린 학생뿐만 아니라 교회를 오래 다닌 사람들 중에도 할례를 막연히 유아세례와 비슷한 의식으로 알고 있는 사람들이 많다. 교회에서 할례가 정확히 어떤 의식인지에 대해서 잘 설명하지 않는 탓이다. 요즘은 조금 잦아들긴 했지만, 십여 년 전에는 '포경수술' 찬반론이 사회적 이슈로 떠오르기도 했다.

천재 예술가 미켈란젤로는 1501년 자신의 조국 피렌체 공화국을 상징하는 다윗 상의 제작을 의뢰받고, 3년간 각고의 노력을 기울인 끝에 "다비드상"을 완성했다. 이 조각상은 1504년 9월 피렌체 시청사 앞에 설치되었는데, 당시 이 조각상을 보러 나온 주민들 가운데 일부는 그 아름다움에 취해 기절하기도 했다고 한다.[1)]

피렌체 아카데미아 미술관에 소장된 "다비드상"은 젊은 인체의 힘과 아름다움으로 우리의 관심을 끌지만 가장 먼저는 신체 중앙에 도드라지게 조각해놓은 음경에 눈이 가지 않을 수 없다. 다윗의 음경은 포경수술을 하지 않은 상태로 조각되었는데, 과연 천하의 미켈란젤로가 완전한 유대인인 다윗이 할례를 받았다는 사실을 몰랐을까?

그림2. "다비드상"(미켈란젤로 부오나로티, 1501-1504)

혹자는 포경수술이 주로 유대인과 이슬람교도 사이에서 행해지다가 19세기 중반에야 영미권을 중심으로 널리 실시되었기 때문에 1504년에 완성된 "다비드상"에는 반영되지 않았을 거라고 주장한다. 그러나 미켈란젤로가 반(反)기독교인이었다는 일각의 주장이 맞다면 의도적으로 그렇게 만들었을 수도 있다.

뉴욕 예시바대 교수이자 유대교 랍비인 벤자민 블렉(Blech)과 바티칸의 투어 가이드인 로이 돌리너(Doliner)는 『시스티나 예배

당의 비밀: 바티칸의 심장에 숨겨놓은 미켈란젤로의 비밀 메시지』(중앙북스, 2008)에서 미켈란젤로가 바티칸의 시스티나 성당에 그린 그림들에 반기독교적인 메시지를 암호로 남겨놓았다고 주장했다.

사실 르네상스는 그리스 로마 문화의 부활을 뜻하므로 그 기저에 반기독교주의를 어느 정도 내포하고 있다. 르네상스를 대표하는 거장 미켈란젤로가 그린 그림 중에도 기독교 신앙에 그리스 신화 같은 이교의 색채를 덧입힌 작품들이 많다. 이전 시대에는 대개 예수님을 초췌한 얼굴에 늑골이 앙상한 모습으로 묘사했다. 그러나 그가 그린 "최후의 심판"을 보면 중앙에서 오른손을 번쩍 들고 있는 예수님은 그리스 신화의 여느 신들처럼 근육이 발달한 남성으로 그려져 있고, "천지창조"에서도 하나님과 아담을 근육질로 표현하고 있다. 미켈란젤로가 어떤 의도로 그런 작품을 만들었는지, 그리고 왜 할례를 받지 않은 "다비드상"을 조각했는지는 여전히 의문으로 남아 있다.

'할례'는 히브리어로 계약(언약)이라는 뜻의 '브리트'와 할례라는 뜻의 '밀라'를 결합한 '브리트 밀라'(ברית מילה)라고 한다. 따라서 정확히는 '언약의 할례'라고 하는 것이 맞는 표현이다. 지금은 율법의 시대가 아니라 예수 그리스도를 믿기만 하면 구원을 받는 은혜의 시대다. 이미 사도행전 15장에는 더 이상 할례가 구원의

그림3. "최후의 심판"(미켈란젤로 부오나로티, 1534-1541)

조건이 아니라는 점이 명시되어 있다.

> 그러나 우리는 그들이 우리와 동일하게 주 예수의 은혜로 구원 받는 줄을 믿노라 하니라(사도행전 15:11).

유대인들은 지금도 메시아를 기다리며 율법대로 생후 8일째 되는 날 집이나 회당에서 할례를 전문으로 하는 '모헬'에게 남자 아이의 할례를 맡긴다. 예수님도 유대인의 관습대로 생후 8일 만에 할례를 받으셨다.

> 할례할 팔 일이 되매 그 이름을 예수라 하니(누가복음 2:21).

하지만 유대인이 아닌 사람들도 율법과는 무관한 '포경수술'을 많이 받는데 이것은 순전히 의학적인 이유 때문이다.

남자 성기 중 가장 앞부분인 귀두를 덮고 있는 얇은 피부(포피)는 눈꺼풀과 더불어 우리 몸에서 가장 얇은 피부조직이다. 이 포피 속에 있는 분비샘에서 매일 일정량의 액이 분비되는 것이다. 그런데 이 액은 냄새를 발생시키고 치구(smegma)라는 찌꺼기를 형성해 여기에 세균이 감염되면 염증이 생길 수 있다. 포경수술은 이를 예방하고자 귀두를 덮고 있는 이 얇은 피부를 적당한 길이로 잘라내어 귀두를 노출시키는 것이다. 일명 환상절제술(circumcision)이라고도 한다. 고래를 잡는다는 뜻의 '포경'(捕鯨)이란 단어 때문에 포경(包莖) 수술을 고래잡이, 혹은 고래사냥이라고 부르기도 한다.

포경(包莖, Phimosis)은 귀두가 항상 포피에 싸여 있는 상태를

그림4. 이집트 파피루스의 할례 그림

말한다. 유아 때에는 포경 상태인 것이 정상이며 이를 생리적 포경이라고 한다. 그러나 몸이 성장하면 귀두의 발육과 포피의 발육에 차이가 생겨서, 포피는 음경의 줄기 쪽으로 반전하고 귀두는 밖으로 노출될 수도 있다. 물론 성장 후에도 포피가 반전하지 않고 귀두가 포피에 쌓인 포경 상태일 수도 있다. 이러한 때에는 포피를 후퇴시켜 귀두를 자유롭게 노출시킬 수 있는데, 이를 가성포경이라고 한다. 자연포경은 발기가 되지 않아도 항상 귀두가 노출되어 있는 상태를 말한다. 하지만 이런 경우는 많지 않고 대부분은 발기되었을 때만 귀두가 노출되는 가성포경의 상태다. 진성포경은 포피구가 좁거나 유착이 남아 있어서 포피를 후퇴시켜도 귀두가 노출되지 않고 발기 때도 귀두가 노출되지 않아 통증이 극심한 경우를 말한다. 진성포경일 경우 성행위에 어려움을 겪는 것은 물론 임신도 힘들다.

역사상 가장 유명한 진성포경 환자는 프랑스 부르봉 왕정의 마지막 왕인 루이 16세일 것이다. 그는 발기 때마다 심한 통증을 느끼는 바람에 결혼한 지 7년이 지나도록 왕비 마리 앙투아네트와 잠자리를 하지 못했다. 이런 루이 16세의 고민을 해결한 것이 바로 포경수술이었다. 포경수술을 받은 루이 16세는 수술 후 1년 만에 공주를 얻을 수 있었다. 사람들이 흔히 포경수술을 아이들이나 사춘기 시절에 받는 수술로만 알고 있는데, 실제로는 루이 16세 같은 성인들도 많이 받는 수술이다.

루이 16세처럼 발기 시 귀두가 자연스럽게 노출되지 않거나 압박되는 경우, 또는 부분적으로 유착된 경우에는 포경수술을 반드시 받는 것이 좋다. 포경수술을 하지 않은 성인 남성들 중에는 포피에 염증이 자주 생기고, '치구'라 불리는 찌꺼기가 발생하면서 냄새가 나고, 심지어는 성관계한 이성에게 불쾌감을 주거나 염증을 유발해 수술을 받으러 오는 사람들이 적지 않다. 조루 예방이나 음경암, 배우자의 자궁경부암 예방, 노인들의 청결유지와 질환 예방에 도움이 된다는 이유로 노인들이 받는 경우도 많다. 물론 어릴 때 포경수술을 받으면 귀두의 발달을 돕고 귀두와 포피 사이에 염증이 생기는 것을 막을 수 있다는 이점이 있다.

우리나라에 포경수술이 처음 도입된 것은 1945년 광복 이후 미군을 통해서다. 이후 포경수술을 받은 남성의 수가 기하급수적으로 늘어나 현재는 성인 남성 4명 중 3명이 포경수술을 받은 것으로 나타났다. 하지만 최근에는 포경수술 반대론의 영향으로 그 수가 크게 줄었다. 반대론자들은 '수술의 목적은 병든 조직을 제거하는 것이기에 포경수술처럼 정상적인 조직을 제거하는 수술은 필요가 없다'고 주장한다. 또한 이들은 포경수술이 에이즈, 음경종양, 여성의 자궁경부암 등 각종 성병의 확률을 낮춘다는 주장에 대해서도 근거가 부족하다고 반박한다. 그러니 이처럼 득이 될 것이 없는 수술을 어린이와 신생아에게 강요하는 것은 아동 학대라는 것이다.

포경수술에 대한 부정적 의견을 개진하는 논문도 일부 있지만 그 내용 중에는 의학적 필요성에 관한 논박보다는 주로 수술을 받는 사람들의 정신적인 트라우마에 대한 것이 주를 이룬다. 약 10여 년 전부터 포경수술이 무가치하며 비인간적인 시술이라며 반대하는 사람들이 적지 않게 나오고 있다. 물론 이들의 주장에 전혀 근거가 없는 것은 아니다. 귀두를 덮고 있는 포피에 치구가 생기지 않게 청결을 유지할 수 있다면 굳이 포경수술을 할 필요는 없다. 하지만 현실적으로 이는 대단히 힘들다.

포경수술을 반대하는 사람들 중 의료인들도 일부 있지만 그들 대부분은 비의료인들이다. 하지만 이 분야의 전문가라 할 수 있는 비뇨기과 전문의들은 대부분 자기 아들에게 포경수술을 시행한다. 실보다 득이 훨씬 많은 수술이라고 생각하기 때문이다.

최근 포경수술이 자궁경부암 및 에이즈 예방에 효과가 있음이 밝혀지면서 포경수술의 필요성에 대한 긍정적인 논의가 다시 점화되고 있다. 실제로 2013년 10월 세계보건기구(WHO)가 내놓은 "에이즈 예방을 위한 성인 남성의 포경수술" 가이드에 따르면 포경수술이 에이즈 감염 위험률을 약 60% 감소시킨 것으로 나타났다. 또한 세계적인 권위의 저널 「뉴잉글랜드 저널 오브 메디슨」(*New England Journal of Medicine*) 2009년 3월호에는 "포경수술이 성병을 약 35% 감소시킨다"는 내용의 논문이 실렸다.

2000년대 이후 '포경수술은 개인의 선택 문제'라며 유보적 입장을 취하던 미국소아과학회(AAP)도 2012년 공식 저널을 통해 질병 예방 차원에서 포경수술을 하는 것이 좋다는 입장을 밝혔다.

또한 '포경수술이 인권침해'라는 반대론자들의 주장과는 달리 우리나라는 이제 신생아를 대상으로는 포경수술을 시행하지 않으며 수술 기술의 발달로 환자가 느끼는 고통도 많이 줄었다.

포경수술은 국소마취로 행해지며, 출혈이 많지 않은 비교적 간단한 수술이기에 수술로 인한 합병증도 적다. 의사의 입장에서 보면 적은 비용으로 이만한 유익을 줄 수 있는 수술이 또 있을까 싶다.

마호메트가 포피 없이 태어났다고 알려진 뒤로 이슬람 신자들 사이에서는 포경수술이 전통으로 굳어졌다고 한다. 사실 유대인과 이슬람권 그리고 일부 국가(특히 미국과 한국)에서만 포경수술을 적극 시행한다는 말에도 일리가 있다. 하지만 서양인들은 우리와 신체 특성이 달라서 수술이 필요 없을 정도로 음경 피부가 팽팽한 경우가 많다. 또한, 유럽의 포경수술률이 낮은 것은 유대인 문화를 증오하는 유럽의 오랜 문화적인 특성 때문이라는 설도 있다. 하지만 유럽에서도 포경수술이 에이즈와 성병 억제에 효과가 있다는 논문이 꾸준히 나오고 있다.

그렇다면 성경은 왜 하필 생후 8일에 할례를 시행하라고 했을까?

> 난 지 팔 일 만에 할례를 받을 것이라(창세기 17:12).

> 여덟째 날에는 그 아이의 포피를 벨 것이요(레위기 12:3).

이는 할례받는 날이 안식일일 경우에도 반드시 지켜야 하는 중요한 의식이었다.

안식일에도 할례를 받는 일이 있거든(요한복음 7:23).

사실 이에 대해 인터넷상에 떠돌고 있는 해석 중에는 출처가 불분명한 정보들을 인용한 경우가 많다. 그중 대표적인 것이 의학자 스칸질로(Nathan Scanzillo)에 대한 이야기다.

그가 밝혀낸 바에 의하면 혈액응고에 관여하는 비타민 K와 프로트롬빈의 양이 생후 3일이 되면 정상인의 33%에 달하고, 이후 점차 증가하여 8일째에는 정상인보다 더 높은 110%까지 올라갔다가 그 후로는 100%를 유지한다는 것이다. 따라서 생후 8일 된 아이는 평생의 어느 날보다도 응혈소를 많이 가지고 있기 때문에 이날이 할례에 가장 안전한 날이라는 주장이다. 그러나 스칸질로라는 인물은 물론이고 이 논문에 대한 정보도 찾을 수 없다. 독자 중에 이 논문을 확인할 수 있는 분이 계시다면 필자에게 연락을 해주었으면 한다.

할례가 8일째에 행해져야만 하는 데는 분명한 의학적 근거가 있을 것이다.

1946년 11월에 「미국의학협회저널」(*The Journal of AMA*)은 남자 신생아의 할례가 바람직하다는 논지의 기사를 실었다. 그런데 3개월 후에는, 그 기사를 비평하는 내용의 글을 실어 전국적인 반향을 불러일으켰다. 그 기사 내용에는 전적으로 동의하나 할례를 시술하기에 가장 적합하고 안전한 때를 제시하지 않은 것은 그 기사의 중대한 결함이라 지적한 것이다.

이 주제를 연구했던 의학자 홀트(I. E. Holt)와 매킨토시(R. McIntosh)는 1953년 소아과 의학지(*Holt Pediatrics*)에 신생아는 생후 2일째부터 5일 사이가 출혈에 특별히 과민한 시기라 이 기간에 과다 출혈이 일어날 경우 내장과 뇌 손상, 빈혈 혹은 쇼크사까지 초래할 수 있다고 보고했다. 그러니 출혈에 민감한 2-5일째를 지나 8일째에 할례를 시행하는 데는 상당한 의학적인 근거가 있는 것이다.

도조(Robert Dozor)는 할례가 시행된 지 수천 년이 흐른 뒤에야 의학적 효과가 검증된 만큼 이를 종교 의식으로 행하지 않았더라면 애초에 시작조차 되지 않았을 것이라고 말하기도 했다.[2)]

자, 그럼 이제부터는 성경 본문을 자세히 살펴보자. 하나님은 그분을 전적으로 신뢰하지 않고 부인 사래가 아닌 그의 여종을 통해 86세에 이스마엘을 낳은 아브람을 상대로 13년 동안이나 침묵하신다.

> 하갈이 아브람에게 이스마엘을 낳았을 때에 아브람이 팔십육 세였더라. 아브람이 구십구 세 때에 여호와께서 아브람에게 나타나서(창세기 16:16-17:1).

아브람은 오직 하나님만 믿고 눈부시게 번영했던 수메르 문명의 중심지 갈대아 우르를 떠나 척박한 광야의 땅 가나안으로 왔다. 그런 아브람에게 하나님의 침묵이 지속되었던 13년 동안은 상상하기조차 힘든 두려움의 시기였을 것이다. 13년의 침묵 끝에 하나님은 99세의 아브람 앞에 다시 나타나신다.

> 너는 내 앞에서 행하여 완전하라(창세기 17:1).

이때 하나님은 아브람에게 이름을 아브라함으로 바꾸라고 명하시며 다시 한 번 여러 민족의 아버지가 될 것이라 말씀하신다.

> 네 이름을 아브람이라 하지 아니하고 아브라함이라 하리니 이는 내가 너를 여러 민족의 아버지가 되게 함이니라(창세기 17:5).

또한 하나님은 아브라함에게 인류 최초의 할례를 명하시며 그와 새로운 언약을 맺으신다.

> 너희는 포피를 베어라. 이것이 나와 너희 사이의 언약의 표징이라(창세기 17:11).

그리고 아브라함의 아내 사래도 이름을 사라로 바꾸라 명하시며 사라의 몸을 통해 후사가 날 것을 말씀하신다.

> 하나님이 또 아브라함에게 이르시되 네 아내 사래는 이름을 사래라 하지 말고 사라라 하라. 내가 그에게 복을 주어 그가 네게 아들을 낳아 주게 하며 내가 그에게 복을 주어 그를 여러 민족의 어머니가 되게 하리니 민족의 여러 왕이 그에게서 나리라(창세기 17:15-16).

마취나 지혈에 대한 개념이 없었을 당시 아브라함은 극심한 통증과 두려움 속에서 99세의 노구로 생식기의 피부를 자르는 의식을 행했을 것이다. 보통 음경이 완전히 발달되지 않은 아이들은 포경수술 후 통증을 그리 심하게 느끼지 못하지만, 음경 발달을 마친 성인은 포경수술을 마치고 극심한 통증을 겪게 된다.

음경이 발달된 후에 수술을 하면 음경을 둘러싼 피부의 절제량도 그만큼 커지고, 수술을 마치고 완전히 회복될 때까지는 야간 음경 발기 때마다 극심한 통증이 몰려오기 때문이다(야간 음경 발기: 조조 발기라고도 하며, REM 수면 중에 나타나는 발기를 말한다. 사춘기 이후부터 시작해 고등학교 때 가장 활발히 일어나고, 하루에 약 3회 정도 나타난다).

현재는 수술 후 1주일이 지나 실밥을 풀고 나면 약 한 달 정도는 음경의 피부가 당기는 일(예를 들면 성교 등)을 금하고 있다. 하지만 당시에는 피부만 자르고 봉합이나 지혈을 하지 않았기 때문에 요즘과 같은 방식으로 수술할 때보다 회복이 훨씬 느렸을 것이다. 당연히 통증도 지금보다 더 심했을 것이다.

창세기 34장에는 할례 이후의 고통을 추정할 수 있는 일화가 하나 나온다. 야곱의 딸 디나가 히위 족속의 추장 세겜에게 강간을 당한 후 그와 결혼할 것을 요구받자 야곱의 아들들은 복수를 결심하게 된다. 디나의 오빠들은 추장 세겜에게 결혼 조건으로 히위 족속의 모든 남자가 할례를 받을 것을 요청한다. 디나를 너무나 사랑했던 세겜은 그 조건을 수락하고 히위 족속의 모든 남자에게 할례를 명한다.

그로부터 3일 뒤, 디나의 두 오빠 시므온과 레위는 히위 족속을 기습한다.

> 제 삼일에 아직 그들이 아파할 때에…그 모든 남자를 죽이고(창세기 34:25).

포경수술 후 3일이 지났을 때가 고통이 가장 심하다고 한다. 그 고통이 오죽 심했으면 남자 두 명이 히위 족속의 모든 남자를 죽일 수 있었겠는가? 이 대목에서 우리는 대략적으로나마 할례의 고통이 얼마나 컸는지를 짐작할 수 있다. 아브라함도 할례를 받고 난 뒤 극심한 통증으로 괴로워했을 것이다. 더군다나 이전에는 그 누구도 생식기의 포피를 베는 의식을 행한 적이 없었기 때문에 그가 겪었을 공포와 두려움은 상상을 초월할 정도로 컸을 것이다.

그는 며칠을 고통 속에서 보내면서 과연 무슨 생각을 했을까?

여종을 통해 이스마엘을 낳은 것에 대한 벌을 받고 있다는 생각? 아니면 자식을 낳는 것은 말할 것도 없고 이제 생식기를 더 이상 사용할 수 없게 되었으니 자신은 죽은 몸과 같은 존재라는 생각을 했을까?

> 그가 백 세나 되어 자기 몸이 죽은 것 같고(로마서 4:19).

하나님께서 아브라함에게 할례를 명한 것은 언약과 표지를 나타내려 한 것은 물론이고, 또한 그 안에 있는 은밀하고 죄스러운 본성을 잘라버리도록 한 것일 수도 있다. 그래서 하나님께서는 은밀한 곳에 할례를 받아 이를 결코 자랑거리로 삼지 못하게 하셨는지도 모른다. 할례는 하나님과 이스라엘 백성 간의 은밀한 서약 같은 것이다. 따라서 진정한 할례는 육체보다는 내면에 은밀히 행해지는 것이라 할 수 있다.

유다인과 예루살렘 주민들아 너희는 스스로 할례를 행하여 너희 마음 가죽을 베고 나 여호와께 속하라. 그리하지 아니하면 너희 악행으로 말미암아 나의 분노가 불 같이 일어나 사르리니 그것을 끌 자가 없으리라(예레미야 4:4).

이삭은 생식기의 피부가 잘려나간 100세의 아브라함과 이미 생리가 중단된 사라의 몸(창세기 18:11)을 통해 태어난다.

아브라함이 그의 아들 이삭이 그에게 태어날 때에 백 세라(창세기 21:5).

이삭은 더 이상 아브라함의 자손이 아니라 하나님이 주신 자였다. 창세기 22장에서 하나님이 이삭을 요구했을 때 아브라함이 주저 없이 그를 제물로 바친 이유도 그 때문일지 모른다.

결과적으로 할례는 하나님의 하나님 되심을 보여준 의식이자 겉으로는 드러나지 않는 하나님의 축복이었던 것이다.

여성 할례

여성 할례(Female Genital Mutilation)는 주로 아프리카와 서아시아 지역에서 행해지는 관습으로 남성의 할례나 성경과는 아무런 관련이 없는 야만스러운 행위다.

이는 대부분 여성의 순결을 증명한다는 명목으로 행해진다. 시술의 유형도 매우 다양해서 음핵과 음순을 잘라내거나 대음순을 꿰매 질 입구를 봉합하기도 한다. 시술은 부족 공동체에서 이를 전담하는 여인이 행하는데, 마취가 제대로 이루어지지 않거나 비위생적인 도구로 수술하는 문제도 있다.

여성의 성기를 절단하고 변형하는 이런 관습의 역사는 이집트 시대로 거슬러 올라간다. 역사가들은 이러한 관행이 순결에 대한 강박관념에서 비롯되었다고 본다. 음부를 봉합해버리거나 성적 쾌감을 자극하는 음핵을 제거하는 극단적인 조치가 여성의 순결을 지키는 가장 확실한 방법이라고 여긴 것이다.

2012년 12월 유엔 총회에서는 여성 할례를 전면 금지하는 결의안이 만장일치로 통과되었다. 영국에서는 여성 할례를 인권을 유린하는 잔혹 행위로 간주하고 1985년 이를 금지하는 법을 제정하여 적발 시 최고 14년의 징역형에 처하도록 했다.

여성 할례는 남성 성기의 피부를 환상으로 절제하는 (Circumcision) 할례에서 따온 말이다. 그러나 이 표현은 의학적으로 맞지 않으며 정확한 명칭은 여성 성기 절제술(Female Genital Mutilation, Female Genital Cutting)이다. 여성 할례는 주로 그 관습을 지지하는 사람들이 사용하는 단어이며, 자칫 성경에 나오는 할례의 이미지를 왜곡할 우려가 있기에 이 표현을 더 이상 사용해서는 안 될 것이다. 성경 속에서 할례가 가지는 의미를 생각하면 더욱 그렇다.

/ 도움말 /

최병권(진단검사의학과 전문의), 정찬의, 양승학(이상 비뇨기과 전문의)

/ 주 /

1) 로스 킹, 『미켈란젤로와 교황의 천장』(은나팔, 2007), 12.

2) Robert Dozor, *Routine Neonatal Circumcision: Boundary of Ritual and Science*(American Family Physician 41, 1990), 822.

/ 참고자료 /

- 박영선, 『하나님의 열심』(새순출판사, 1985), 87-102.
- 양형주 목사님(대전도안교회), '할례'에 대한 설교 중, 2004.
- 「동아일보」, 2014. 2. 3.
- 「국민일보」, 2014. 7. 7.
- 조덕영, "할례의 신학적 의미", 2012, 창조신학연구소 홈페이지(www.kictnet.net).
- 조인래 등, "포경수술, 득인가 실인가?", 「대한의사협회지」, 2008; 51(7): 653-663.

/ 그림출처 /

Wikipedia.

10장

혈루증을 앓았던 **여인의 병명은** 무엇일까?

그림1. 로마의 카타콤에 있는 혈루증 여인 벽화

이에 열두 해를 혈루증으로 앓는 중에 아무에게도 고침을 받지 못하던 여자가 예수의 뒤로 와서 그의 옷 가에 손을 대니 혈루증이 즉시 그쳤더라(누가복음 8:43-44).

열두 해 동안이나 혈루증으로 앓는 여자가 예수의 뒤로 와서 그 겉옷 가를 만지니(마태복음 9:20).

열두 해를 혈루증으로 앓아 온 한 여자가 있어 많은 의사에게 많은 괴로움을 받았고 가진 것도 다 허비하였으되 아무 효험이 없고 도리어 더 중하여졌던 차에 예수의 소문을 듣고 무리 가운데 끼어 뒤로 와서 그의 옷에 손을 대니(마가복음 5:25-27).

이에 열두 해를 혈루증으로 앓는 중에 아무에게도 고침을 받지 못하던 여자가 예수의 뒤로 와서 그의 옷 가에 손을 대니 혈루증이 즉시 그쳤더라(누가복음 8:43-44).

신약성경에는 예수님이 행하신 여러 이적이 기록되어 있는데 그중 가장 많은 부분을 차지하는 것이 병을 낫게 하는 기적이다. 4복음서에 기록된 37가지 이적 가운데 치유에 관한 것은 26가지로 전체의 70%를 차지한다. 하지만 지금보다 훨씬 열악했던 당시

의 의료 환경을 감안하면 예수님은 실제로 그보다 훨씬 많은 수의 병자들을 낫게 하셨을 것이다.[1)]

> 예수께서 행하신 일이 이 외에도 많으니 만일 낱낱이 기록된다면 이 세상이라도 이 기록된 책을 두기에 부족할 줄 아노라(요한복음 21:25).

예수님은 특히 여인들과 한센병 환자들처럼 당시 많은 차별을 받았던 사회적 약자들의 치유에 각별한 관심을 기울이셨던 것 같다. 혈루증을 앓다가 치유된 여인의 이야기는 세 복음서에 공통적으로 나오는 대단히 중요한 이적이다.

사실 '혈루증'(血漏症)이라는 말이 정확한 의학용어는 아니다. 오랜 기간 우리말 성경에서 '혈루증'이라는 말을 써왔기에 성경을 새롭게 번역할 때도 다른 의학용어로 쉽게 바꾸지 못한 것 같다. '혈루증'을 '혈우병'과 혼동하기 쉬운데, 혈우병은 성경에서 말하는 '혈루증'과는 완전히 다른 병이다. '혈우병'(血友病)은 출혈 발생 시 지혈을 돕는 응고인자가 부족하여 피가 잘 멈추지 않는 유전병을 말한다.

'혈우병'은 성염색체와 관련이 있기 때문에 주로 남자에게서 나타나고 혈우병 유전인자를 가진 여자들은 보인자가 될 뿐 혈우병 증상을 보이지는 않는다. 따라서 혈루증 여인이 혈우병 환자였을 가능성은 매우 희박하다.

혈우병 이야기를 할 때면 매번 빠지지 않고 거론되는 것이 영국의 빅토리아 여왕 사례다.

어머니가 혈우병 보인자일 경우 그 아들이 혈우병에 걸릴 확률이 아주 높은데, 19세기 대영제국을 이끌었던 빅토리아 여왕이 바로 혈우병 보인자였다. 빅토리아 여왕의 자손들이 유럽의 왕가들과 혼인 관계를 맺으면서 자연스레 혈우병이 독일, 스페인, 러시아 등의 유럽 왕실로 광범위하게 퍼지게 된 것이다. 이 때문에 한때 혈우병은 '왕가의 병'으로 불렸다.

그렇다면 혈루증이란 대체 무슨 병을 말하는 것일까?

신약성경 헬라어 원문에는 출혈이라는 뜻의 '하이마'(αἷμα)라는 단어가 쓰였다. 이 단어를 흠정역(KJV)은 "issue of blood"로, 위클리프 성경(Wycliffe Bible)은 "flux of blood"로 그리고 NIV에서는 "bleeding"으로 번역하고 있다.

'혈루증'에 대해 이해하기 위해서는 레위기 15장을 살펴볼 필요가 있다. 레위기 15장은 남자와 여자의 '유출병'에 대해 기록하고 있다.

'유출병'에 관한 히브리어 원문에는 조브(זוב)라는 말에서 파생된 자브(זב)와 조보(זובו)라는 단어가 쓰였다. 게제니우스 사전에 따르면 조브(זוב)는 '남자의 성병에 의한 점액 유출' 혹은 '여인의 월경, 출혈'이라는 의미로 쓰인다. 게제니우스는 이 단어가 레위기 15:2, 13, 15, 33에서는 '남자의 성병에 의한 점액 유출'이라는 의미로 쓰였고, 레위기 15:19, 25, 28, 30에서는 '여인의 월경, 출혈'을 뜻한다고 기록하고 있다.

그렇다면 히브리어 신약성경에서 '혈루증'이라는 단어는 어떻게 표기되어 있을까? 마가복음에서는 '자바'(זבה)라는 단어가 쓰였고, 마태복음과 누가복음에서는 자바라는 단어에 피라는 뜻의 단어가 접합된 '자바트 담'(זבת דם)이란 표현을 사용했다. 세 복음서에서 모두 '혈루증'을 자바(זבה)라는 단어로 표기한 것이다.

자바(זבה)는 구약의 레위기 15장에 쓰인 조브(זוב)라는 단어에서 파생된 현대 히브리어로, 히브리어 사전에는 "woman who has intermenstrual bleeding"(여성의 월경간출혈)이라 번역되어 있다. 물론 이 단어가 여인의 병을 정확히 설명하는지에 대해서는 의문의 여지가 있지만 '정상적인 여성의 월경이 아닌 비정상적인 질 출혈'을 지칭하는 것만은 확실하다.

여성의 질에서 생리 외에 다른 이유로 일어나는 비정상 출혈을 '하혈'(下血)이라 한다. 따라서 원어의 의미를 살리자면 '혈루증'을 '하혈'로 번역하는 게 맞지 않을까 싶다.

여자들은 난소에 약 200만 개의 난자를 가지고 태어나는데, 10대 초반부터 약 50세 전후까지 한 달에 한 번씩 난자를 배출하는 배란을 한다. 산술적으로 따지면 평생 약 450-500개의 난자를 배출하는 셈이다. 물론 임신 기간 중에는 배란과 생리가 중단되며, 수유를 할 때도 생리가 중단되는 경우가 많다.

월경은 난소에서 배출된 난자가 정자와 수정되지 않았을 때 일어나는 현상이다. 가임기 여성의 자궁내막은 주기적으로 분비된 호르몬에 의해 증식하여 정자와 난자가 수정된 수정란의 착상을 준비한다. 임신이 되지 않은 경우 배란 2주 후 자궁내막이 저절로 탈락되어 혈액과 함께 배출되는데, 이 현상을 월경(생리, menstruation)이라고 한다. 여성의 평균 생리기간은 3-5일이며, 생리량은 약 35mL이지만 사람에 따라 개인차가 크다.

월경 전후 여성들은 여러 가지 신체적 고통을 겪게 되는데, 이런 증세가 심한 경우를 월경증후군(premenstrual syndrome)이라고 한다. 이는 흔히 아랫배나 허리의 통증, 우울감, 신경과민, 전신무력감 등의 증상으로 나타나며 극단적인 경우에는 절도나 자살을 시도하기도 한다.

생리통(dysmenorrhoea)은 증식된 자궁내막이 벗겨지고 몸 밖으로 배출(생리)되는 과정에서 자궁이 수축되면서 생기는 통증이다. 대개 출혈과 함께 시작되어 몇 시간에서 며칠 동안 계속되는데 주로 허리, 아랫배, 머리에 통증이 생기지만 드물게는 무릎 등 다른 부위의 고통을 느끼는 사람들도 있다.

매달 한 번씩 겪는 이 고통은 여인들을 정신적으로 강하게 만드는 한편, 이후 경험하게 될 임신과 출산의 고통을 견디게 하는 버팀목으로도 작용했을 것이다.

여성의 월경에 대한 과학적인 분석과 논의는 20세기 초반에 이르러서야 비로소 시도되었다. 그전까지 여성들은 생리로 인해 이루 말할 수 없는 고통을 겪었을 것이다.[2)]

레위기 15장을 보면 성경 시대에는 월경을 하는 여인을 부정하게 여겨 7일 동안 사람들의 접근을 막았다는 사실을 알 수 있다.

> 어떤 여인이 유출을 하되 그의 몸에 그의 유출이 피이면 이레 동안 불결하니 그를 만지는 자마다 저녁까지 부정할 것이요(레위기 15:19).

당시 율법에 따라 월경 중인 여인들을 부정하게 여겼던 것은 분명한 사실이지만, 여기에는 여성들을 보호하고자 하시는 하나님의 사랑이 스며 있다고 생각한다. 여인들은 7일 동안 사실상 격리됨으로써 힘든 가사노동에서도 잠시 해방되었을 것이다. 하나님이 혹시 이들에게 일종의 생리휴가를 준 것은 아닐까? 그 7일 동안은 남자들과의 동침도 금했다.

> 누구든지 이 여인과 동침하여 그의 불결함에 전염되면 이레 동안 부

정할 것이라(레위기 15:24).

너는 여인이 월경으로 불결한 동안에 그에게 가까이 하여 그의 하체를 범하지 말지니라(레위기 18:19).

하지만 레위기에 따르면 정상적인 월경이 아닌 비정상적인 출혈에 대해서도 동일한 율법이 적용되었다.

만일 여인의 피의 유출이 그의 불결기가 아닌데도 여러 날이 간다든지 그 유출이 그의 불결기를 지나도 계속되면 그 부정을 유출하는 모든 날 동안은 그 불결한 때와 같이 부정한즉(레위기 15:25).

정상적인 월경일 경우 7일간의 격리는 여인들에게도 어느 정도 도움이 될 수 있었겠지만, 만약 그런 출혈이 수개월 또는 1년 이상 지속되었다면 이야기가 달라진다.

바로 여기서 우리는 12년 동안 혈루증을 앓던 여인이 겪은 어려움을 짐작할 수 있다.

그녀는 육체적 고통은 물론이거니와 요즘은 흔한 생리대도 없던 시절일 뿐만 아니라 물도 귀한 광야의 땅에서 청결을 유지하기도 무척 힘들었을 것이다. 하지만 이런 고통보다 그녀를 더욱 힘들게 한 것은 세상과 단절됨으로써 느껴야 했던 외로움과 절망이었을 것이다. 혈루증을 앓는 여인들은 모두 격리 조치되었고 그가 앉았던 자리에 손을 대는 것도 부정하게 여겨졌다.

> 그가 앉은 자리를 만지는 자도 다 그들의 옷을 빨고 물로 몸을 씻을 것이요 저녁까지 부정할 것이며(레위기 15:22).

당시 율법의 엄격함으로 미루어볼 때 혈루증을 앓고 있던 여인이 군중 속에 모습을 드러내는 것 또한 철저히 금했을 것이다. 따라서 당시 그 여인이 예수님을 만나러 군중 속으로 들어간 것은 엄청난 용기가 필요한 행동이었다.

혈루증 여인은 큰 무리가 회당장 야이로의 딸을 살리러 가시는 예수님의 뒤를 따라나섰을 때 함께 예수님을 만나러 나섰다.

> 회당장 중의 하나인 야이로라 하는 이가 와서 예수를 보고 발 아래 엎드리어 간곡히 구하여 이르되 내 어린 딸이 죽게 되었사오니 오셔서 그 위에 손을 얹으사 그로 구원을 받아 살게 하소서 하거늘 이에 그와 함께 가실새 큰 무리가 따라가며 에워싸 밀더라. 열두 해를 혈루증으로 앓아 온 한 여자가 있어(마가복음 5:22-25).

부정하다 여겨져 그가 앉았던 자리를 만지는 것조차 부정하게 여겨졌던 여인이 군중 속을 헤치고 나가 당시 화제의 중심에 있던 예수님의 옷자락을 만진 것은 목숨을 건 일생일대의 모험이었을 것이다.

에스더 왕비가 아하수에로 왕의 부름을 받지 않았는데도 동족인 유대인들을 구하기 위해 삼 일간 금식기도를 드린 후 목숨을 걸고 왕 앞에 나아간 것을 이에 비할 수 있을까.

죽으면 죽으리이다 하니라(에스더 4:16).

만약 그 여인이 예수님의 옷자락을 만진 후에도 병은 낫지 않고 대신에 혈루증을 앓고 있었다는 사실이 밝혀졌더라면 돌에 맞아 죽었을지도 모를 일이다. 혈루증 여인이 예수님의 옷자락을 만진 일은 우리가 생각하는 것처럼 그렇게 간단한 사건이 아니었다.

그렇다면 과연 그 여인은 무슨 병을 앓고 있었을까?

앞서 언급했듯이 정상적인 생리 기간이 아닌 때에 여성의 질에서 출혈이 일어나는 현상을 '하혈'(부정 출혈, 비정상 질 출혈, abnormal uterine bleeding)이라고 한다. 하혈은 질벽, 자궁 경부, 또는 자궁내막에서 발생할 수 있으나 대부분의 경우는 자궁 내에서 일어난다.

여성의 비정상적인 자궁 출혈에는 크게 2가지 유형이 있다.

1. 기질적 자궁 출혈(Organic Uterine Bleeding)

2. 기능성 자궁 출혈(DUB, Dysfunctional Uterine Bleeding)

기질성 자궁 출혈은 자궁에 해부학적 이상이 있는 경우에 발생하며 자궁암, 자궁근종, 자궁선종, 자궁내막염, 폴립 등이 여기에 속한다. 만약 혈루증 여인의 병명이 오늘날의 자궁암이었다면 12년 동안 지속된 출혈을 견뎌내지 못했을 것이다. 만성 출혈을 일으킬 만한 가장 대표적인 질환으로는 자궁근종을 떠올릴 수 있다. 자궁근종의 크기가 크거나 자궁내막 쪽에 위치해 있었다면 만성 출혈이 발생했을 가능성이 높다.

소량의 출혈이 지속되는 경우라면 기능성 자궁 출혈일 가능성도 있다. 자궁이나 골반 내 질환을 앓고 있지 않은 상태에서 호르몬 이상 등의 이유로 발생하는 자궁 출혈을 기능성 자궁 출혈이라 지칭한다. 기능성 자궁 출혈의 가장 흔한 원인은 정신적·육체적 스트레스나 환경 변화이며, 과도한 양의 출혈이 지속되면 빈혈로 실신할 수도 있다.

기능성 자궁 출혈의 원인은 다양하지만 이 여인의 경우 여러 가지 정황상 다낭성 난소증후군(polycystic ovarian syndrome)일 가능성이 높다. 다낭성 난소증후군의 증상은 보통 청소년기에 시작되어 심한 경우 성인이 될 때까지 지속된다. 물론 지금은 피임

약이나 여성호르몬 등으로 주기를 조절할 수는 있지만 이 병은 현재에도 산부인과 전문의 중에서도 생식내분비를 전공한 산부인과 전문의가 아니면 치료하기 어려운 질환 중 하나다.

하지만 한편으로는 출혈이 심하지만 않으면 별다른 처치 없이 저절로 호전될 수 있는 병이기도 하다. 만일 혈루증 여인이 호르몬 이상 또는 심리적·환경적인 원인에 의한 다낭성 난소증후군을 앓았다면 예수님의 옷자락을 만지면 나을 수 있다는 간절한 바람이 심리적인 안정감을 주어 치유에 도움이 되었을 수도 있다.

성경 본문에 적힌 내용만으로는 여인의 병명을 정확히 알 수 없다. 그러나 무엇보다 중요한 것은 그녀의 치유가, 예수님의 옷자락을 만지면 병이 나을 수 있다는 그녀 자신의 믿음과 그녀를 향한 주님의 애틋한 마음, 그리고 치유의 능력이 합쳐진 결과라는 것이다.

딸아 네 믿음이 너를 구원하였으니 평안히 가라(누가복음 8:48).

예수님이 병을 고쳐주었으면 그것으로 그만이지, 그 병명을 아는 것이 무슨 의미가 있냐고 묻는 사람들도 있을 수 있다. 하지만 기독교인 의사들이 성경에 등장하는 병명을 밝히고자 하는 이유는 직업적인 본능임과 동시에 성경을 신화가 아닌 사실을 기록한 책이라 믿기 때문이다. 따라서 이러한 고민은 다른 사람들이 성경을 사실적으로 이해하는 데 도움을 줄 수 있다는 점에서도 매우 의미 있는 일이 될 것이다.

/ 도움말 /

김원회(전 부산대학교 의과대학 산부인과 주임교수), 정병준, 김하정(이상 산부인과 전문의)

/ 주 /

1) 문국진, 『법의학이 찾아내는 그림 속 사람의 권리』(예경, 2013), 224-226.

/ 참고자료 /

• "황상익의 의학파노라마", 「경향신문」, 2014. 10. 11.

/ 그림출처 /

Wikipedia.

11장

그날, 야곱은
어디를 다쳤기에
다리를 절게
된 것일까?

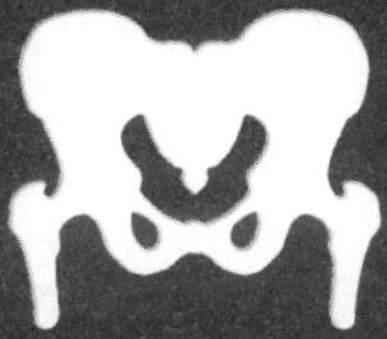

그림1. "천사와 씨름하는 야곱"(레옹 보나, 1876)

자기가 야곱을 이기지 못함을 보고 그가 야곱의 허벅지 관절을 치매 야곱의 허벅지 관절이 그 사람과 씨름할 때에 어긋났더라(창세기 32:25).

그 사람이 자기가 야곱을 이기지 못함을 보고 야곱의 환도뼈를 치매 야곱의 환도뼈가 그 사람과 씨름할 때에 위골되었더라(개역한글).

자기가 야곱을 이기지 못함을 보고 그가 야곱의 허벅지 관절을 치매 야곱의 허벅지 관절이 그 사람과 씨름할 때에 어긋났더라(개역개정).

And when he saw that he prevailed not against him, he touched the hollow of his thigh; and the hollow of Jacob's thigh was out of joint, as he wrestled with him(KJV).

When the man saw that he could not overpower him, he touched the socket of Jacob's hip so that his hip was wrenched as he wrestled with the man(NIV, 창세기 32:25).

야곱 자신도 말했듯이, 야곱만큼 삶 속에서 속고 속이는 험난

한 여정을 수없이 반복한 사람이 또 있을까 싶다.

험악한 세월을 보내었나이다(창세기 47:9).

야곱은 쌍둥이 형 에서의 장자권을 뺏기 위해 어머니 리브가와 짜고 아버지 이삭을 속였고, 에서의 보복을 피해 어머니의 고향인 밧단아람으로 도망쳐 외삼촌 라반의 집에 머문다.

당초에는 형의 분노가 수그러들 때까지만 피신해 있기로 계획했으나 결국 야곱은 다시 어머니를 보지 못하고 삼촌의 집에서 총 20년을 보내게 된다.

내가 외삼촌의 집에 있는 이 이십 년 동안 외삼촌의 두 딸을 위하여 십사 년, 외삼촌의 양 떼를 위하여 육 년을 외삼촌에게 봉사하였거니와 외삼촌께서 내 품삯을 열 번이나 바꾸셨으며(창세기 31:41).

야곱은 그의 외삼촌 라반과도 20년 동안이나 서로 속고 속이기를 반복한다.

그리고 끝내는 그의 가족과 가축들을 이끌고 아버지 이삭이 있는 고향으로 가기 위해 라반에게서 도망치게 된다.

야곱이 사라진 것을 뒤늦게 안 라반은 분노하여 그를 추격하지만, 하나님은 라반의 꿈에 나타나 야곱을 해치지 말라고 말씀하신다(창세기 31:24).

결국 라반과 야곱은 극적인 화해를 이루고 헤어진다. 야곱은 계속해서 에돔 땅에 정착해 있는 형 에서를 만나러 길을 떠난다.

하지만 형이 너무나 두려웠던 야곱은 먼저 그에게 사자를 보낸다. 그는 사자를 통해 형 에서를 주(master)라고 부르며 형이 은혜와 자비를 베풀기를 기대한다. 하지만 돌아온 사자가 전한 말은 그의 두려움을 한층 더 증폭시킬 뿐이었다.

> 사자들이 야곱에게 돌아와 이르되 우리가 주인의 형 에서에게 이른즉 그가 사백 명을 거느리고 주인을 만나려고 오더이다. 야곱이 심히 두렵고 답답하여 자기와 함께 한 동행자와 양과 소와 낙타를 두 떼로 나누고 이르되 에서가 와서 한 떼를 치면 남은 한 떼는 피하리라 하고 (창세기 32:6-8).

야곱은 최악의 상황을 상상하며 극심한 두려움에 떤다. 그리고 형 에서를 만나기 전날 밤 모든 사람으로 하여금 얍복 강을 건너게 한 후 홀로 강가에 남는다. 강가에서 그는 어떤 사람(그의 이름은 끝까지 밝혀지지 않지만, 일반적으로는 천사 또는 하나님으로 본다)을 만나 그에게 밤새도록 축복을 요구한다. 성경은 야곱이 그와

그림2. 얍복 강 사진

씨름하던 중에 허벅지 관절에 부상을 당해 해가 돋았을 무렵에는 다리를 절었다고 기록하고 있다.

그가 브니엘을 지날 때에 해가 돋았고 그의 허벅다리로 말미암아 절었더라(창세기 32:31).

하지만 그는 그 사람에게 기어이 축복을 받아내고야 만다.

그가 이르되 네 이름을 다시는 야곱이라 부를 것이 아니요 이스라엘이라 부를 것이니 이는 네가 하나님과 및 사람들과 겨루어 이겼음이니라(창세기 32:28).

이때부터 '하나님과 겨루어 이김'이란 뜻의 '이스라엘'이라는 이름은 야곱을 지칭하게 되었고, 나중에는 야곱의 아들 열두 명이 이룰 자손들을 뜻하는 명칭이 되었다. 비록 허벅지 부상으로 다리를 절뚝거리는 상태였지만 야곱은 아침 햇살이 찬란히 비추는 아침을 맞이하며 그곳의 이름을 '하나님의 얼굴'이라는 뜻의 '브니엘'이라고 지었다.

마침내 야곱은 20년 만에 에서와 상봉한다. 그는 오랫동안 떨어져 지냈던 형과 원수가 될 것이라 예상했으나 뜻밖에도 에서는 아우를 다시 만나게 된 것을 진심으로 기뻐한다. 그들은 지난 세월의 앙금을 깨끗이 풀고 다시 각자의 길을 가게 된다.

야곱의 부상이 기록된 창세기 32:25은 개역성경에서 개역개정판으로 바뀌면서 용어가 크게 바뀌었다. 그만큼 25절을 번역하기가 어렵다는 얘기일 것이다. 영어 성경의 경우에도 고전적 번역이라 할 수 있는 흠정역(KJV)과 최신판인 NIV의 번역 사이에 상당한 차이가 있다. 이 역시 이 구절을 정확히 옮기기가 쉽지 않음을 보여준다. 특히 번역 과정에서 의학용어를 사용하는 데 심사숙고한 흔적이 역력하다.

일단 구번역인 개역성경에서 사용된 '환도(環刀)뼈', '위골'(違

骨)이라는 단어는 요즘 거의 쓰이지 않을 뿐만 아니라 의학적 의미도 분명치 않은 용어들이다. 다행히 개역개정판에는 '환도뼈'를 '허벅지', '허벅지 관절' 등으로 바꾸었는데, '허벅지 관절'보다는 '엉덩이 관절'이나 '고관절'이 더 정확한 표현이다.

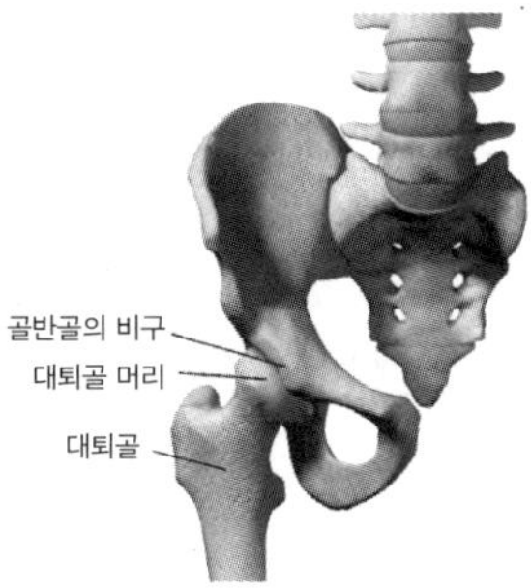

그림3. 정상적인 엉덩이 관절

고관절(股關節, hip joint)은 대퇴골머리(femoral head)와 골반골의 비구(髀臼, acetabulum)를 연결하는 관절로 볼-소케트(ball and socket) 형태를 띤다. 체중 부하를 견뎌야 하기 때문에 우리 몸에서 가장 안정적인 관절이고, 접촉 부위의 대부분이 관절연골로 덮여 있어 마찰이 적고 매끈해 움직임이 자유롭다.

구약시대에는 중요한 맹세를 할 때 엉덩이 관절 밑에 손을 넣기도 했다. 아브라함이 며느리를 구하기 위해 종을 보낼 때 "내 허벅지 밑에" 손을 넣고 맹세하라고(창세기 24:2) 했고, 야곱이 죽음을 앞두고 애굽에서 장사하지 않도록 요셉에게 맹세시킬 때(창세기 47:29)에도 그렇게 했다.

야곱이 다른 부위가 아닌 엉덩이 관절을 다치면서까지 그 사람에게서 축복의 맹세를 받아낸 데도 분명히 심오한 의미가 담겨 있을 것이다.

얍복 강가에서 씨름하는 야곱의 모습은 렘브란트, 귀스타브 도레, 들라크루아, 레옹 보나, 고갱 등 많은 화가들의 그림에 단골 소재로 등장했다. 그들의 그림은 공통적으로 야곱을 근육질의 중년 남성으로 표현하고 있다.

하긴 야곱이 천사와의 싸움에서 이겼다는 성경의 이야기에 설득력을 부여하기 위해서는 그렇게 표현할 수밖에 없었을 것이다. 하지만 우리는 야곱이 얍복 강가에서 천사와 생사를 건 씨름을 할 당시 그의 나이가 90을 훌쩍 넘겼다는 사실에 주목할 필요가 있다.

그림4. "설교 후의 환상"(폴 고갱, 1888)

그림5. "천사와 싸우는 야곱"(렘브란트 하르먼스 판 레인, 1659)

그림6. "천사와 씨름하는 야곱"(귀스타브 도레, 1855)

야곱이 얍복 강가에서 씨름한 것은 노년에 요셉을 낳은 후(창세기 30:25; 37:3)였다. 따라서 당시 야곱의 나이를 추정하기 위해서는 요셉에 관한 기록을 참고해야 한다.

요셉은 30세에 애굽의 총리가 된 후(창세기 41:46) 7년의 풍년과 2년의 흉년을 겪고 나서 39세의 나이에 130세의 야곱을 만났다(창세기 47:9). 이에 따르면 야곱은 91세에 요셉을 낳았으며, 얍복 강가에서 씨름을 할 때는 적어도 91세 이상이었다는 말이 된다.

이후 야곱은 147세에 죽고(창세기 47:27), 요셉은 120세에 죽었는데(창세기 50:26), 당시 수명이 지금보다 2배 길었다고 가정해도 얍복 강가에서 씨름을 한 야곱은 거의 노년에 접어든 나이였다.

참고로 야곱의 할아버지인 아브라함이 100세였을 때를 기록한 창세기 말씀을 보면 당시 90세 이상의 나이가 어떻게 받아들여졌는지를 더욱 확실히 짐작할 수 있다.

> 아브라함이 엎드려 웃으며 마음속으로 이르되 백 세 된 사람이 어찌 자식을 낳을까 사라는 구십 세니 어찌 출산하리요 하고(창세기 17:17).

이제 본격적으로 야곱이 당한 부상에 관해 이야기해보자.

아마도 이것은 엉덩이 관절 부상에 대한 역사상 가장 오래된 기록일 것이다. 25절에서 야곱의 부상에 대한 가장 중요한 단서는

"어긋났더라"라는 말이다. 히브리 원어 성경에는 "테카"(תקע)라는 단어가 쓰였는데, 히브리어 성경사전 HALOT에 따르면 이 단어에는 '휘어지게 하다, 어그러지게 하다'라는 의미와 더불어 '찢다, 찢겨나가다'라는 뜻이 있다.

흠정역에서는 이 단어를 out of joint(관절에서 빠지다)로, NIV에서는 wrenched(비틀어지다, 삐다, 염좌되다)라고 옮겼다. 두 번역에 이렇게 큰 차이가 나는 이유는 무엇일까?

흠정역에서는 아마도 테카(תקע)라는 단어를 '휘어지게 하다, 어그러지게 하다'라는 의미로 번역해서 out of joint(관절에서 빠지다, 탈골되다)라고 쓴 것 같다. 우리말 성경도 비슷한 이유로 "위골되었더라"(개역한글), "어긋났더라"(개역개정)라고 번역했을 것이다. 주요 영어 성경 중 하나인 NLT와 유진 피터슨의 『메시지』(*The Message*, NavPress, 2005)도 "out of joint"라고 표기하고 있다.

엉덩이 관절에 '휘어짐'이나 어긋남'이 발생하는 경우는 크게 세 가지다.

1) 엉덩이 관절에서 뼈가 빠지는 경우(out of joint, dislocation)

2) 엉덩이 관절에서 뼈가 골절되면서 빠지는 경우(fracture & dislocation)

3) 엉덩이 관절을 이루는 뼈가 골절되면서 어긋난 경우(displaced fracture)

3가지 모두 너무나 치명적인 부상이라 어느 경우에 해당되더라도 다리를 절기는커녕 옴짝달싹 못 하고 누워 있어야 한다.

1)번의 경우 도수정복(closed reduction)을 통해 뼈를 다시 제자리로 집어넣어야 하는데, 고관절을 원위치로 돌리는 데는 장정 2-3명 정도의 힘이 필요하다. 그 방법으로 안 될 때는 수술실에서 마취를 한 다음 제 위치에 끼워 넣기도 한다. 2), 3)번의 경우에는 수술을 하지 않고는 몸을 움직일 수 없어 만약 그대로 방치한다면 시간이 지남에 따라 사망에 이르게 된다.

특히 엉덩이 관절 골절은 65세 이상의 노인들이 병원에 입원하게 되는 원인 중 두 번째로 많은 원인이다. 가장 큰 원인은 폐렴이다. 노인들은 골절 발생 후 2-3일만 지나도 지병 악화와 면역력 저하로 인한 폐렴, 심장병, 색전증으로 사망할 수 있다.

위의 세 가지 중 어느 경우라 하더라도 "해가 돋았고…절었더라"(창세기 32:31)라는 말이 사실이기는 힘들다. 더구나 얍복 나루에 혼자 남은 야곱이 다른 사람의 도움 없이 다리를 절면서 이동하기란 거의 불가능한 일이다. 세 가지 부상 중 하나를 당했으나 하나님의 특별한 은혜로 회복된 경우가 아니라면 그가 혼자 힘으로 걸어갔을 가능성은 매우 희박하다.

만일 야곱이 홀로 천사와 씨름한 후에 엉덩이 관절이 빠지거나 부러지면서 어긋났지만 구사일생으로 죽지 않고 살아났다 해도 평생 다리를 절어야 했을 것이다. 하지만 이 장 이후 성경 어디에서도 야곱의 장애에 대한 기록을 찾아볼 수 없다. 만약 그런 상황으로 인해 야곱이 평생 후유증을 앓았다면, 한 번쯤은 성경에 언급될 만도 한데 말이다. 따라서 야곱에게 이 같은 부상이 생겼을 가능성은 거의 없다.

그렇다면 이번에는 테카(תקע)를 '찢다, 찢겨나가다'라는 뜻으로 해석해보자. NIV는 이 의미로 번역한 것으로 보인다. 엉덩이 관절은 강력한 3개의 인대(靭帶, ligament)로 둘러싸여 있는데, 외부에서 충격이 가해질 경우 이 인대가 찢어질 수도 있다. 인대는 뼈와 뼈 사이를 연결해주는 강인한 섬유성 결합조직으로 주로 관절에 위치하여 관절이 안정적으로 유지되도록 해준다. 따라서 인대가 손상될 경우 관절은 자연히 불안정해지게 된다.

관절을 이루는 인대의 일부가 외부 충격 등의 이유로 인해 늘어나거나 찢어지는 부상을 '염좌'(捻挫, sprain, wrench)라고 하는데, 이를 흔히 '삐었다'고 표현한다. 야곱이 엉덩이 관절을 다친 후 아침에 다리를 절뚝거린 사실로 봐서는 인대의 일부가 찢어진 '염좌'였을 가능성이 높다. 그리고 아마도 엉덩이 관절의 전면을 덮고 있는 장골대퇴인대(iliofemoral ligament)가 찢어졌을 가능성이 많다. 장골대퇴인대는 엉덩이 관절에 있는 3개의 인대 중 가장 중요한 역할을 하며, 우리 몸에서 가장 강한 인대이기도 하다.

만약 엉덩이 관절의 인대에 '염좌'가 생겼다면, 야곱과 상당히 유사한 상황이 벌어질 것이다. '염좌'가 생긴 후 잠시 다리를 절더라도 이후에 자연치유가 되었다면 일상생활에는 전혀 지장이 없기 때문이다.

인대 부상은 심한 통증과 부종을 동반하지만 회복 속도가 빠르며, 염좌일 경우 대부분은 시간이 지나면서 자연치유된다.

자기가 야곱을 이기지 못함을 보고 **야곱의 허벅지 관절을 치매**(창세기 32:25).

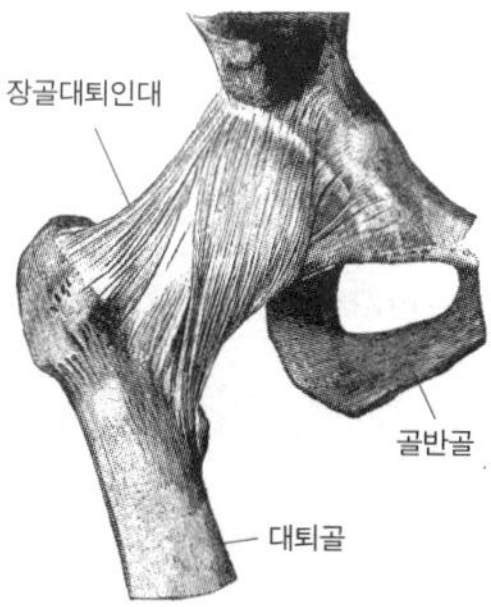

그림7. 엉덩이 관절

특히 노인들의 엉덩이 관절 인대 손상은 순간적인 충격 때문에 발생하는 경우가 많은데, 위의 구절은 야곱이 당한 부상이 '염좌'였음을 추정하는 중요한 근거가 된다.

그 사람이 야곱의 허벅지 관절에 있는 둔부의 힘줄을 쳤으므로 이스라엘 사람들이 지금까지 허벅지 관절에 있는 둔부의 힘줄을 먹지 아니하더라(창세기 32:32).

원래 '힘줄'을 의학 용어로 '건'(腱, tendon)이라고 한다. NIV에서도 이를 tendon으로 번역했다. '건'은 근육이 뼈에 붙는 곳에 위치한 섬유성 조직으로 인대와 유사한 기능과 구조를 가지고 있다. 여기서는 아마도 엉덩이 관절의 인대를 힘줄이라고 표현한 것 같다.

유대교 식사에 관한 율법인 '코셔'(Kosher)를 엄격히 지키는 정통 유대인들은 위의 구절에 따라 오늘날까지도 가축의 둔부에 위치한 힘줄은 먹지 않는다. 그런 점에 비추어봐도 뼈의 손상보다는 인대 손상이었을 가능성이 더 높아 보인다.

독일 태생의 저명한 유대인 랍비 라파엘 히르쉬(Rabbi Samson Raphael Hirsch, 1808-1888)도 창세기 32:25에 나오는 야곱의 부상을 언급한 적이 있다. 라파엘은 야곱이 천사의 손에 붙들렸을 때(gripped) 심하게 저항했고, 이때 그의 인대가 찢어져 다리를 움직이는데 어려움을 겪었을 것이라고 주장했다. 그도 인대 손상이 야곱이 부상을 당한 후 다리를 저는 상황에 대한 적합한 설명이라고 생각한 것 같다.

창세기 32:25을 번역한 수많은 성경 중 의학적 설명이 가장 타당한 것은 NIV 번역이라 생각된다. **NIV 성경은 우리말 성경 개역개정판에 있는 창세기 32장 25의 "어긋났더라"라는 표현을 인대 손상을 의미하는 "wrenched"(삐다, 염좌되다)로 번역하고 있다.**

레오나르도 호닝 박사는 1997년 의학 세미나에서 야곱이 엉덩이 관절의 근골격과 좌골신경(sciatic nerve)에 손상을 입어 일시적으로 다리를 절었을 것이라고 서술하기도 했다.[1)]

좌골신경은 허리엉치신경얼기에서 갈라져 나오는 인체의 가장 큰 단일 신경으로, 다른 말로는 궁둥신경이라고도 한다. 이 신경의 주요 기능은 다리의 감각을 느끼고 운동을 조절하는 것이다.

영어 성경 ASV(American Standard Version)의 번역도 의학적으로는 가능성이 있어 보인다. 여기서는 레오나르도 호닝 박사의 주장과 유사하게 'touched', 'strained'라는 단어를 사용해 그가 야곱의 엉덩이 관절을 치자 이 부위의 근육이 손상되었다고 번역하고 있다.

> He **touched** the hollow of his thigh; and the hollow of Jacob's thigh was **strained**, as he wrestled with him.

우리말로는 strain과 sprain을 동일하게 '염좌'라고 번역하지만 영어에서는 외부 충격에 의해 근육이 늘어나거나 부분적으로 찢어지는 경우를 strain, 인대가 손상되는 경우를 sprain으로 구분한다. NIV역에서는 인대 손상을 의미하는 sprain과 유사한 뜻으로 wrenched라는 단어를 사용했다.

이쯤 되면 왜 아직도 많은 성경학자들이 '테카'(תקע)라는 히브리 단어를 '뼈가 어긋났다'로 번역하는지 의문을 갖지 않을 수 없다. 개인적인 소견으로는 성경학자들이 관절이 찢어지는 상황에 대해 제대로 이해하지 못했기 때문이라고 생각된다. 무엇보다도 야곱이 당한 부상을 의학적인 견지에서 고민할 필요성 자체를 느끼지 못했을 가능성도 있다고 본다. 뼈가 빠졌건 인대가 찢어졌건 간에 그것이 뭐 그리 중요한 일이냐고 생각했을 수도 있다. 하지만 철저한 의학적 고증을 거친 번역이 이루어진다면 성경의 신뢰성과 권위도 한층 더 높아질 것이다. 우리말 성경도 NIV처럼 야곱이 당한 부상을 그 의미가 명확해지도록 정확한 의학 용어로 바꾸어 번역해야 한다고 본다. 만약 25절의 히브리어 원문을 우리말로 다시 정확하게 번역한다면 아래와 같이 되지 않을까?

> 자기가 야곱을 이기지 못함을 보고 그가 야곱의 **엉덩이 관절**을 치매 야곱의 **엉덩이 관절이 그 사람과 씨름할 때에 염좌되었더라.**

/ 도움말 /

신재혁(한림대학교 의과대학 정형외과 교수), 신용범(부산대학교 의과대학 재활의학과 교수), 안동신, 이종열(이상 정형외과 전문의), 이승복(미국 존스 홉킨스 병원 재활의학과 전문의), 김성완(정형외과 전문의)

/ 주 /

1) Dr. Leonardo J. Hoenig, "Jacob's Limp," 「*Seminars in Arthritis and Rheumatism*」, 26: 1997, 684-688.

/ 그림출처 /

Wikipedia.

12장

성경에
인류 최초의
마취수술이
등장한다고?

그림1. "이브창조"(로렌초 마이타니, 1310-1330)

여호와 하나님이 아담을 깊이 잠들게 하시니 잠들매 그가 그 갈빗대 하나를 취하고 살로 대신 채우시고 여호와 하나님이 아담에게서 취하신 그 갈빗대로 여자를 만드시고 그를 아담에게로 이끌어 오시니, 아담이 이르되 이는 내 뼈 중의 뼈요 살 중의 살이라 이것을 남자에게서 취하였은즉 여자라 부르리라 하니라. 이러므로 남자가 부모를 떠나 그의 아내와 합하여 둘이 한 몸을 이룰지로다(창세기 2:21-24).

19세기에는 수술을 끝내는 속도를 기준으로 외과 의사의 자질을 판단했다. 190cm가 넘는 거구였던 영국의 로버트 리스턴(Robert Liston, 1794-1847)은 다리 절단 수술을 2분 30초 만에 마칠 만큼 손이 빠르기로 유명했다. 수술 시간을 줄이기 위해 그가 피 묻은 칼날을 입에 물고 수술을 했다는 일화도 전해진다.[1)]

그렇다면 왜 그렇게 수술 속도를 중요시했을까? 그 대답은 바로 마취제에 있다.

마취제가 없던 시절이었기 때문에 환자의 고통을 조금이라도 덜기 위해서는 수술을 가능한 한 빨리 끝내야 했던 것이다. 당시에는 수술 중에 숨지는 일도 많았기 때문에 수술을 앞둔 환자들이 도망가거나 자살하는 경우까지 있었다고 한다.

환자(患者)라는 단어에서 '환'(患)은 벌레 두 마리가 '마음'(心)을 꼬챙이처럼 찌르는 모양을 취하고 있다. 이는 질병의 고통이 외부 요인과 내부 요인이 합쳐져 생긴다는 뜻이 아닐까 짐작해볼 수 있다. 또한 환자를 뜻하는 영어 단어 'patient'에는 견뎌낸다는 의미가 있는데, 이는 고통을 참는 일을 하는 사람이 바로 환자라는 것을 말한다. 물론 인류가 고통을 부정적으로만 본 것은 아니다. 고대 신화와 종교에서 고통은 성스러움이나 내적 위대함을 나타내기도 한다. 인류의 구원을 위해 십자가에 못 박히신 예수님이나 인간에게 불을 훔쳐다 준 죄 때문에 산 채로 독수리에게 간을 파 먹혀야 했던 프로메테우스의 고통이 그러한 경우다. 이처럼 시대에 따라 고통에는 실존적·영적 '의미'가 담겨 있기도 하다.[2)]

하나님은 아담이 고통을 느끼지 못하도록 깊은 잠에 빠지게 한 다음 갈비뼈를 취하셨다. 이것은 인간이 선악과를 따 먹는 원죄를 범하기 전의 일이었다. 원죄를 범한 이후 여자들은 임신과 출산의 고통을, 남자들은 평생 노동의 고통을 겪게 된다. 하지만 인간을 향한 하나님의 크신 사랑을 감안하면 본래 하나님은 인간이 고통 없이 살기 원하셨을 것이다.

인류가 받은 최초의 전신마취 수술은 아마도 하나님이 행하신 아담의 갈비뼈 제거 수술일 것이다.

> 아담을 깊이 잠들게 하시니 잠들매 그가 그 갈빗대 하나를 취하고(창세기 2:21).

인간이 스스로의 힘으로 전신마취를 행할 수 있게 된 것은 그로부터 수천 년이 흐른 뒤였다.

고대 이집트와 아시리아의 의사들은 두 개의 경동맥을 동시에 압박하여 뇌에 들어가는 피의 양을 줄이는 방법으로 환자의 의식을 몽롱하게 만든 뒤 수술을 시행했다. 이집트인들은 아편이 환자의 고통을 덜어준다는 사실을 발견했고, 아시리아인들은 벨라도나와 대마초, 맨드레이크 뿌리를 혼합한 독자적인 진통제를 사용했다. 그리스인들과 로마인들은 이 기술을 한층 더 발전시켰고, 중세 아랍에서는 흡입 마취제를 개발했다.

한의학에서도 마취제를 사용해 외과 수술을 한 기록이 있다. 소설『삼국지』에는 명의 화타가 장을 갈라 내부 장기의 병을 고칠 때 마불산(痲佛散)이라는 마취제를 사용했다는 사실이 언급된다.

현대적 의미의 전신마취제가 처음으로 사용된 것은 아산화질소(nitrous oxide, N_2O)를 분리해내는 기술이 발명된 18세기 후반의 일이다.

1772년 영국의 화학자이자 장로교 목사였던 조지프 프리스틀리(Joseph Priestley, 1733-1804)가 발견한 이 가스는 지금도 어린이 환자를 치료하는 소아치과에서 사용되고 있다. 이 가스는, 흡입하면 기분이 좋아지고 통증에 대한 감각이 무뎌진다는 이유로 '웃음가스'라는 별칭으로도 불린다. 사실 이 가스는 의학적인 용도보다는 신흥귀족들의 파티에서 여흥을 제공하는 데 주로 쓰였고, 이후 에테르와 클로로포름이 발견되었다.

1842년 미국의 개업의사 롱(Craward Williamson Long, 1815-1878)은 세계 최초로 전신마취제를 외과 수술에 사용했다. 그는 에테르 파티에 참석한 경험을 십분 살려 종양을 적출할 환자에게 마취제를 사용해 고통 없이 수술을 끝냈다.[3)]

산부인과 수술에 마취술을 처음 도입한 것은 영국의 제임스 영 심프슨(James Young Simpson, 1811-1870)이었다. 심프슨 경은 29세의 젊은 나이에 에든버러 대학의 교수가 될 만큼 영특한 사람이었다. 또한 그는 신실한 믿음의 소유자로 집에 가족 전용 예배당을 두고 예배를 드렸다. 하루는 성경을 읽다가 창세기 2:21-22의 말씀에 큰 감명을 받은 그는 이 구절을 깊이 묵상했다. 아담은 갈비뼈 하나를 떼어내는 대수술을 받고 깨어난 다음에도 마치 아무런 고통을 느끼지 못한 사람처럼 하와를 보자마자 곧바로 "이는 내 뼈 중의 뼈요 살 중의 살이라"고 탄성을 질렀다.

그림2. 제임스 영 심프슨

여호와 하나님이 아담을 깊이 잠들게 하시니 잠들매 그가 그 갈빗대 하나를 취하고 살로 대신 채우시고 여호와 하나님이 아담에게서 취하신 그 갈빗대로 여자를 만드시고 그를 아담에게로 이끌어 오시니 아담이 이르되 이는 내 뼈 중의 뼈요 살 중의 살이라(창세기 2:21-23).

심프슨은 이 말씀에 착안해 분만 시 산모의 통증을 덜어줄 물질을 찾기 위해 동료들과 함께 실험을 했다. 그들은 이미 아산화질소와 에테르는 마취제로는 그다지 적절하지 않다는 결론에 도달했던 차였다. 그러던 1847년의 어느 날 심프슨 경은 동료들과 함께 향긋하고 단맛 나는 액체를 컵에 붓고 그 증기를 들이키는 실험을 했다. 조금 들이마셨을 뿐인데도 금방 기분이 유쾌해져 그들은 수다를 떨다가 바닥에 쓰러졌고 다음날 아침에야 깨어나게 된다. 이 실험을 통해 심프슨 경은 이 물질이 안전하다고 확신했다.

이것이 의학용 마취제의 발견이었다. 그 해 가을 심프슨 경은 뼈를 절단하는 수술에서 이 물질을 사용해 수술을 성공적으로 끝냈다. 방법은 아주 간단했다. 환자의 얼굴에 클로로포름($CHCl_3$)을 묻힌 수건을 덮기만 하면 됐다.

뒤이어 심프슨은 클로로포름을 분만 시 마취제로 사용하여 무통분만(無痛分娩)의 길을 열었다. 그러나 클로로포름을 산부인과에 도입하는 일은 그리 쉽지 않았다. 많은 종교인들이 격렬히 반대하고 나섰기 때문이다. 그들의 주장은 간단했다. 성경 말씀에 따르면 산고(産苦)는 하나님이 내리신 것인데 인간이 개입해 신의 의지에 맞서는 것은 부자연스러울 뿐만 아니라 불경한 짓이라는 것이다.

심프슨은 1849년 의학저널인 「마취」에 다음과 같은 글을 기고했다.

> 다른 의과대학에서는 출산하는 여인에게 마취제를 주는 나의 행동이 신의 섭리와 질서에 어긋나는 이단적이고 괘씸한 일이라고 비난한다는 사실을 알게 되었다.…그 말씀은 통증을 뜻하는 것이 아니라 아이를 낳을 때 생기는 강력한 자궁 근육 수축, 그리고 출산 시 빈번한 물리적 장애를 가리키는 것이다.

예나 지금이나 의학적 견해와 종교적 교리가 맞부딪칠 때 어느 쪽이 더 타당한지를 가늠하기란 매우 어렵다. 그러나 의학 역시 하나님이 주신 것이라는 이해가 전제된다면 의외로 쉬운 해법이 나올 수도 있다.

클로로포름을 둘러싼 논쟁은 1853년 4월 7일부로 끝이 났다. 이날 신앙심이 깊어 국민들의 존경을 한 몸에 받던 영국의 빅토리아 여왕이 여덟 번째 자녀인 레오폴드 왕자를 출산하면서 클로로포름을 투여받았기 때문이다.

그 뒤로 무통분만은 안전한 출산 방법으로 공인되었으며, 이후로도 더 나은 산과용 마취제를 찾기 위한 노력은 계속되었다. 지금은 클로로포름의 부작용이 밝혀지면서 사용을 멈췄고 한층 더 발전된 마취제를 쓰고 있다. 심프슨 경은 현대적 수술에 의학용 마취제를 최초로 도입한 의사였다. 독실한 신앙인이었던 그는 후일에 클로로포름이 아닌 구주 예수 그리스도가 자기 인생 최고의 발견이었다는 고백을 했다.

만약 심프슨이 처음으로 클로로포름을 흡입했을 때 그 양이 많았다면 죽었을 것이고, 너무 적었다면 마취가 되지 않아 클로로포름을 발견하지 못했을 것이다. 이 점을 감안하면 클로로포름의 발견은 그가 가진 능력 때문이라기보다는 하나님의 특별한 은혜 때문일 것이다.[4)]

/ 도움말 /

윤건중(전 가톨릭대학교 의과대학 마취과 교수), 구승룡(마취과 전문의)

/ 주 /

1) 리차드 고든, 『역사를 바꾼 놀라운 질병들』(브니엘, 2005), 117.
2) 강신익 등, 『의학 오디세이』(역사비평사, 2007), 167-168.
3) 조지아 내과·외과 협회 회보, 1853.
4) "James Young Simpson," Wikipedia.

/ 참고자료 /

- "책갈피 속의 오늘", 「국민일보」, 2004. 11. 8.

/ 그림출처 /

Wikipedia.

13장

하나님도 **우울증을** 앓으셨다고?

그림1. "슬퍼하는 노인"(빈센트 반 고흐, 1890)

내 날이 연기 같이 소멸하며 내 뼈가 숯 같이 탔음이니이다. 내가 음식 먹기도 잊었으므로 내 마음이 풀 같이 시들고 말라 버렸사오며 나의 탄식 소리로 말미암아 나의 살이 뼈에 붙었나이다. 나는 광야의 올빼미 같고 황폐한 곳의 부엉이 같이 되었사오며 내가 밤을 새우니 지붕 위의 외로운 참새 같으니이다(시편 102:3-7).

시편을 읽다 보면 때때로 시편 기자가 우울증을 앓고 있는 정황을 발견할 수 있다. 시편 22편, 102편에는 전형적인 우울증 증상인 의욕 상실, 식욕 부진, 체중 감소, 입 마름, 불면증을 호소하는 구절이 있다.

> 나는 물 같이 쏟아졌으며 내 모든 뼈는 어그러졌으며 내 마음은 밀랍 같아서 내 속에서 녹았으며 내 힘이 말라 질그릇 조각 같고 내 혀가 입천장에 붙었나이다. 주께서 또 나를 죽음의 진토 속에 두셨나이다(시편 22:14-15).

> 내 날이 연기 같이 소멸하며 내 뼈가 숯 같이 탔음이니이다. 내가 음식 먹기도 잊었으므로 내 마음이 풀 같이 시들고 말라 버렸사오며 나의 탄식 소리로 말미암아 나의 살이 뼈에 붙었나이다. 나는 광야의 올빼미 같고 황폐한 곳의 부엉이 같이 되었사오며 내가 밤을 새우니 지붕 위의 외로운 참새 같으니이다(시편 102:3-7).

나는 재를 양식 같이 먹으며 나는 눈물 섞인 물을 마셨나이다. 주의 분노와 진노로 말미암음이라 주께서 나를 들어서 던지셨나이다. 내 날이 기울어지는 그림자 같고 내가 풀의 시들어짐 같으니이다(시편 102:9-11).

오랫동안 사람들의 편견의 대상이 되었던 병들이 있다. 신으로부터 저주를 받아 생긴 병이라고 여겨졌던 간질이나 한센병, 그리고 에이즈가 그 대표적인 예다. 물론 지금은 그런 편견에 아무런 의학적 근거가 없음이 밝혀진 지 오래다.

하지만 우울증은 앞서 언급된 질환들과는 조금 다른 이유에서 아직까지도 편견이 사라지지 않고 있는 질병이다. 특히 기독교인들은 영적인 측면에서 우울증에 대해 상당한 선입관을 가지고 있는 것 같다.

기독교인이 우울증을 앓고 있다면 그 원인은 하나님과의 관계에 문제가 있거나 하나님과 멀어졌기 때문이다.[1)]

시편 기자처럼 현대의 많은 그리스도인이 우울증으로 고통받고 있고, 나와 개인적으로 알고 지내는 선교사님들 중에도 우울증에 시달리는 분들이 적지 않다. 그렇다면 과연 그들은 믿음이 부족해서 우울증을 앓는 것일까?

정신질환에 시달릴 때 병원이 아닌 영적인 해결책을 더 먼저 찾는 종교인 중에는 기독교인의 비율이 압도적으로 높다. 문제를 영적인 차원에서 풀어보려고 노력하는 것은 신앙적으로 훌륭한 일이지만 몸이 아픈데도 오로지 영적인 방법에만 기대어 의학적인 도움을 거부한다면 이는 매우 위험한 일일 수 있다. 질병을 만성화시키거나 환자가 극단적인 선택을 하는 결과를 낳을 수 있기 때문이다.[2)] 우울증으로 자살한 사람의 장례가 기독교식으로 치러지는 것을 보고 있기란 참으로 고역이 아닐 수 없다.

의사이자 위대한 설교자였던 영국의 로이드 존스 목사는 그의 저서 『의학과 치유』(생명의말씀사, 2003)에서 목회자들은 자칫 모든 일을 영적인 측면에서만 생각하고 해결하려는 오류에 빠지기 쉽다고 지적했다. 물론 의학에 대한 맹신은 잘못된 것이지만 의학적 도움이 필요한 데 이를 거부하는 것 역시 하나님이 원하시는 일은 아닐 것이다. 신학뿐만 아니라 의학 역시 하나님이 주신 귀한 선물인 만큼 그 증상이 신체적이든 정신적이든 상관없이 병을 가진 환자라면 누구나 의학적 도움을 구해야 한다.

흔히 우울증을 '마음의 감기'에 비유하곤 한다. 누구나 걸릴 수 있고 의학적으로 치유 가능한 질병이라는 의미에서 그런 표현을 쓰는 것이다. 하지만 실제로 우울증을 앓고 있는 사람들을 보고 있자면 우울증이 감기라는 가벼운 질병에 비유할 수 없는 아주 복잡 미묘한 질병이라는 생각이 든다.

시편 기자는 자신의 우울증에 대해 하나님께 용서를 구하거나 우울한 감정을 '죄'라고 고백하지도 않고 오히려 하나님과 진솔하게 소통하는 데 힘썼다. 이는 하나님과의 관계에서 얼마든지 일어날 수 있는 일이기 때문이다.

그림2. 최초의 우울증 기술자 히포크라테스

우울증을 앓았던 기독교인 중 대표적인 인물로는 이스라엘 최고의 왕 다윗, 종교개혁의 선봉자 마르틴 루터, 종교개혁의 완성자 장 칼뱅, 세계 최고의 설교자 찰스 스펄전, 감리교의 창시자 존 웨슬리 등이 있다. 링컨과 처칠이 우울증을 앓았다는 것도 익히 잘 알려진 사실이다.

하나님은 때때로 질병을 통해 우리를 연단하시기도 하는데, 우울증 역시 우리를 단련시키시는 과정일 수 있다고 생각한다면 이 문제를 새로운 시각으로 볼 수 있다.

기독교 잡지 「크리스채너티 투데이」는 2009년 4월호에서 우울증을 커버스토리로 다루었다. 글의 요지는 우울증이 영적인 문제이기 때문에 내적치유를 통한 해결점을 찾아야지 의학적으로 해결될 수 있는 병이 아니라는 것이었다. 필자 역시 그 주장에 상당 부분 공감하지만 동시에 많은 사례를 통해 그것만으로는 우울증을 완전히 해결할 수 없다는 것을 잘 알고 있다.

필자는 독자로서 그 글을 읽고 난 소감을 적어 2009년 5월호에 기고했다.

> 크리스천 의사로서 지난 호 커버스토리 '우울증'을 관심 있게 읽었다. 우울증과 정신병에 대한 인식이 점차 개방적으로 변해가는 지금 시대에 다루기 적절한 주제였다고 본다. 몇 가지 아쉬운 부분이 있다면 임상의사의 글을 다루지 않았다는 점과 과연 이 글이 '우울증 환자들과 그 가족들에게 실질적인 도움이 되었을까' 하는 점이었다. 오히려 우울증으로 의사의 도움을 받는 것에 대한 거부감을 키우는 결과를 낳지 않을까 하는 우려가 드는 것이 사실이다. 우울증은 이제 세계 제1의 질병이다. 우리는 전쟁과 범죄로 인한 사상자보다 우울증으로 자살한 사람이 더 많은 시대에 살고 있다. 이것은 우울증이 사회적·영적·육체적 원인이 복합적으로 작용하여 발생하며, 아직도 우리가 완전히 이해하지는 못하고 있는 질병이라는 점을 시사한다. 의사나 환자, 기독교 상담가 모두 이 사실을 인정하고 겸손한 자세로 우울증 환자를 대해야 한다.
>
> '기독교 상담학의 아버지'라 불리는 게리 콜린스는 2007년 판 「뉴

크리스천 카운슬링」에서 우울증에 대해 다루면서 신체적인 증상이 있거나 초기 상담에서 호전되지 않는다면 환자를 유능한 의사에게 위탁해야 한다고 강조했다. 생물학적 원인으로 인한 우울증에는 약물치료가 효과적인 해결책이 될 수 있다고도 기술했다. 우울증에 관해 한 가지 분명한 점은 게리 콜린스가 언급한 생물학적 기질과 환경적 요인(스트레스, 날씨 등)이 우울증에 영향을 미친다는 사실이다. 우울증 환자는 영적이고 심리적인 문제가 있는 사람으로 취급되며 제대로 된 환자 대접을 받지 못해 고통당한다. 세계에서 가장 교회가 많은 우리나라에서 유독 우울증으로 인한 자살률이 높다는 사실이 이를 증명한다. 우리는 우울증 치유를 위한 중보기도를 공개적으로 부탁하기 어려운 현실을 인정해야 할 것이다. 자살에 이른 유명인들 중 상당수가 자살 직전까지 교회를 다녔다는 사실은 우리의 마음을 아프게 한다. 우울증을 순전히 영적인 문제로만 치부하는 교계 일반의 인식이 사라지지 않는다면, 우울증을 앓는 기독교인들은 자신의 질병에 대해 속시원히 털어놓지 못하고 음지로 숨어 끝내는 극단적인 선택을 할 수도 있다.

우리는 신앙생활만 제대로 하면 암에 걸리지 않는다고 말하지 않는다. 하지만 우울증에 관해서는 그렇게 생각하지 않는다. 신앙생활만 제대로 하면 우울증에 걸릴 이유가 없다는 말이 맞는지 틀린지는 알 수 없다. 하지만 한 가지 분명한 사실은 그런 말이 환자에게는 너무나 잔인하게 들릴 수 있다는 것이다. 나는 여기서 '질병을 기도로 고쳐야 하는가, 의학으로 치유해야 하는가?' 하는 근원적인 문제에 대해 말하려는 것이 아니다. 하지만 수많은 질병 중 우울증에 대해서만 유독 다른 잣대를 들이대는 우리들의 모습을 보며 이 문제를 새롭게 제기해야 할 필요성을 느꼈다.

의술의 발달은 하나님이 주신 큰 복이다. 이와 마찬가지로 항우울제의 혁신적인 발달 또한 하나님이 주신 큰 선물이다. 모든 병이 그렇듯 우울증도 의사의 치료로 완치될 수 있고, 상황에 따라 치료가 힘든 경우도 있으며, 일부는 재발하기도 한다. 하지만 항우울제의 도움으로 수많은 우울증 환자들이 정상적인 사회생활을 할 수 있게 된 것만은 틀림없는 사실이다. 특히 중증 우울증에 항우울제를 사용하는 것은 자살을 막는 거의 유일한 방법이라고 말하고 싶다. 어떻게 보면 생물학적 원인으로 인한 우울증 환자는 당뇨나 고혈압처럼 평생 원인인자를 가지고 살아야 한다.

그림3. 링컨

우울증을 앓으면서도 위대한 일을 해낸 사람들은 많다. 그 대표적인 인물이 기도의 사람 '링컨'이다. 2005년

'조슈아 울프 셍크'가 쓴 『링컨의 우울증』(랜덤하우스, 2009)에 의하면 링컨은 현대의 기준에서 볼 때 확실한 중증 우울증을 두 차례 경험했고, 중년의 시기에는 만성 우울증 징후를 보이며 살았다. 하지만 그는 적극적으로 의사의 도움을 구했고 성경을 읽으며 위로를 받았다. 그는 수차례 자살을 생각하다가 결국에는 죽지 않고 살기 위해서는 분명한 목적의식을 가져야 한다는 답을 얻었는데, 이것이 그를 평생 지탱하는 힘이 되었다. 어떤 면에서 보면 우울증 덕분에 미국 역사상 가장 존경받는 대통령이 된 것이다.

환경오염의 증가로 암 발생률이 늘어나듯이, 극심한 경쟁 속에 사는 현대인들 사이에서는 앞으로 우울증 환자가 더 늘어날 것이 분명하다. 우리는 예수 그리스도만이 진정한 해답이라는 당연한 진리를 강조하는 한편, 우울증에 대해 보다 개방적인 자세로 고민하고 의학의 도움을 받는 것에 대해 거부감을 가져서는 안 된다.

"독자 다님길", 「크리스채너티 투데이」, 2009년 5월호

인간은 배우자나 자녀의 죽음을 경험했을 때 가장 심한 스트레스를 받는다고 한다. 그렇다면 하나님은 어떨까? 나는 이런 상상을 해본 적이 있다. 만약 인간의 질병 중 하나님이 직접 체험하셨을 법한 것을 하나 꼽자면 어떤 것이 있을까 하고 말이다. 그것은 아마도 우울증이 아닐까?

하나님은 자신의 독생자가 인간의 죄를 대신해 십자가에서 죽어야 한다는 사실을 이미 알고 계셨을 것이다.

자신의 독생자가 자신이 창조한 인간들 때문에 죽어야 한다니 이 얼마나 슬픈 일인가. 성경은 하나님을 감정을 가지신 분으로 묘사한다. 신약성경을 보면 예수님은 우리 인간처럼 때론 울기도, 기뻐하기도 하시고, 화를 내시기도 하셨다.

> 예수께서 눈물을 흘리시더라(요한복음 11:35).

구약성경에서도 하나님이 우리와 비슷한 감정을 지닌 인격체이심을 드러내는 구절을 볼 수 있다.

> 이르시되 내가 창조한 사람을 내가 지면에서 쓸어버리되 사람으로부터 가축과 기는 것과 공중의 새까지 그리하리니 이는 내가 그것들을 지었음을 한탄함이니라 하시니라(창세기 6:7).

> 여호와께서 뜻을 돌이키사 말씀하신 화를 그 백성에게 내리지 아니하시니라(출애굽기 33:14).

하나님의 형상을 본따 창조된 인간이 하나님과 감성적으로 교감하는 것은 어찌 보면 당연한 일이다.

하나님이 이르시되 우리의 형상을 따라 우리의 모양대로 우리가 사람을 만들고(창세기 1:26).

따라서 하나님이 독생자의 죽음을 앞두고 얼마나 우울하셨을지는 충분히 상상 가능한 일이다. 더불어 인간의 죄 사함을 위해 십자가에 못 박혀 극한의 고통 속에서 죽어야 하는 숙명을 안고 이 땅에 오신 예수님 역시 극도의 우울감을 느꼈을지 모른다.

내 아버지여 만일 할 만 하시거든 이 잔을 내게서 지나가게 하옵소서(마태복음 26:39).

나의 하나님, 나의 하나님, 어찌하여 나를 버리셨나이까(마태복음 27:46).

우울증의 발생 메커니즘은 너무나 복잡하다. 육체적·환경적·심리적·영적 요인이 복합적으로 작용하기 때문이다. 우울증 환자가 많다는 것은 아직도 그 발생 메커니즘이 정확히 밝혀지지 않았다는 방증이기도 하다.

이 책의 독자 중 우울증을 앓고 있는 사람이 있다면 하나님이 그 병을 앓는 환자의 고통을 온전히 이해하실 수 있음을 기억하라. 또한 하나님과의 관계에 문제가 생겨 우울증을 인게 되었다는 죄책감을 가질 필요도 전혀 없다. 어쩌면 하나님은 사람들을 연단시키기 위한 특별한 방법 중 하나로 우울증을 사용하실지도 모른다.[3)]

기독교인이라고 해서 우울증에 결코 걸리지 않을 수는 없다. 육체적인 질병을 앓고 있는 환자들을 대할 때 우리는 그들을 영적으로 권면하고 기도하는 한편 가능한 의학적 치료에 힘쓸 것을 권유한다. 정신적 질병에 시달리는 환자를 대할 때도 다른 육체적 질병을 앓고 있는 환자들과 동일한 태도를 취해야 한다. 하지만 영적으로 강건해지라고 그들을 다그쳐서는 안 될 것이다.

성경을 보면 고통받는 욥을 위로하기 위해 찾아왔다가 오히려 욥을 비난하는 실수를 저질렀던 세 친구들의 이야기가 나온다. 우리는 이들처럼 행동해서는 안 된다. 욥은 홀로 하나님께 탄식하고 기도하는 가운데 고통을 이겨낼 힘을 얻고 전지전능하신 하나님을 더욱 깊이 이해하는 놀라운 신비를 체험한다. 만약 당시에 세 친구들이 욥에게 영적·의학적인 도움을 줄 수 있었다면 욥은 훨씬 더 수월하고 빠르게 회복했을지도 모른다.

우울증을 앓던 종교 개혁자 마르틴 루터는 우울증에 대처하기 위한 4가지 방법을 제시했다.

1. 혼자 있지 마라. 다른 사람의 도움을 구하라.

2. 하나님을 찬양하고 그분께 감사하라.

3. 하나님의 말씀의 능력에 깊이 의지하라.

4. 성령의 임재를 확신하고 휴식을 취하라.

1번 항목에는 의학적 도움을 구하는 것도 포함된다.

우울증에 걸린 기독교인이라면 치료를 위해서는 마땅히 하나님께 영적인 도움을 요청해야 한다. 하지만 우울증 역시 다른 육체적 질병과 마찬가지로 항우울제 같은 약물이나 기타 의학적인 도움이 반드시 필요한 병이라는 점을 알고 보다 적극적인 태도로 치료에 힘써야 한다. 하나님은 우리가 건강한 정신과 신체를 가지고 살기 원하시며, 의학이라는 특별한 선물을 우리에게 주셨다.

/ 도움말 /

이형근, 임우택(이상 정신과 전문의)

/ 주 /

1) 데이비드 머레이, 『기독교인도 우울할 수 있다』(너의오월, 2012), 43.

2) 김진, 『정신병인가 귀신들림인가?』(생명의말씀사, 2006), 13-14.

3) 존 록클리, 『우울한 기독교인을 위한 실용 워크북』(*Practical Workbook for the Depressed Christian*), 1991, 18.

/ 그림출처 /

Wikipedia.

14장

하나님은 왜 하필
아담의 갈비뼈를
선택하셨을까?

그림1. "아담의 창조"(윌리엄 블레이크, 1807)

여호와 하나님이 아담을 깊이 잠들게 하시니 잠들매 그가 그 갈빗대 하나를 취하고 살로 대신 채우시고 여호와 하나님이 아담에게서 취하신 그 갈빗대로 여자를 만드시고 그를 아담에게로 이끌어 오시니(창세기 2:21-22).

하나님은 수많은 인체 부위 중에 왜 하필 갈비뼈(Rib, 늑골[肋骨])를 떼어내서 하와를 만드셨을까?

여기에는 다양한 철학적·영적·의학적 이유가 있겠지만 이 책에서는 온전히 의학적 이유만을 살펴보고자 한다.

2014년 5월 26일 미국 프로야구 메이저리그 LA 다저스의 34세 노장투수 베켓은 9회말 필라델피아 필리스의 강타자 체이스 어틀리를 상대로 던진 시속 151km의 직구가 스트라이크로 판정되자 주먹을 불끈 쥐며 포효했다. 마지막 타자를 삼진으로 잡으며 생애 첫 노히트 노런(9이닝 동안 무안타, 무실점)의 위업을 달성하는 순간이었다. 메이저리그 출전 324경기 만에 이룬 쾌거였다.

노히트 노런은 다저스 투수로는 18년 만의 기록이었고, 메이저리그 통산 124승을 거둔 박찬호 투수도 달성하지 못한 대기록이다. 2013년 7월, 베켓은 흉곽 출구 증후군(thoracic outlet syndrome, 목으로부터 손 또는 팔에 연결되는 신경·혈관이 가슴과 목 주변 근육이나 뼈에 눌려 혈액순환이 제대로 되지 않아 저림 등의 증상이 나타나는 병)을 치료하기 위해 성한 오른쪽 갈비뼈 하나를 제거하는 수술을 받았었다. 갈비뼈가 온전히 있을 때에도 달성하지 못했던 노히트 노런을 갈비뼈 하나를 빼낸 상태에서 이룩한 것이다.

물론 재활을 위한 피나는 노력이 있었기에 가능한 일이었겠지만 이는 갈비뼈 하나가 있고 없고는 운동 능력에 큰 지장을 주지 않는다는 방증이 되겠다. 1960년대 중반 활약했던 육체파 여배우 라켈 웰치(Raquel Welch)는 가는 허리선을 유지하기 위해 갈비뼈를 제거했다고 한다.[1)]

사람은 24개, 즉 12쌍의 갈비뼈를 가지고 있고 이를 위에서부터 1-12번까지의 번호를 매겨 구분하고 있다(그림2). 성형외과 수술 중에 Adam's operation(아담의 수술)이라는 수술이 있다. 이

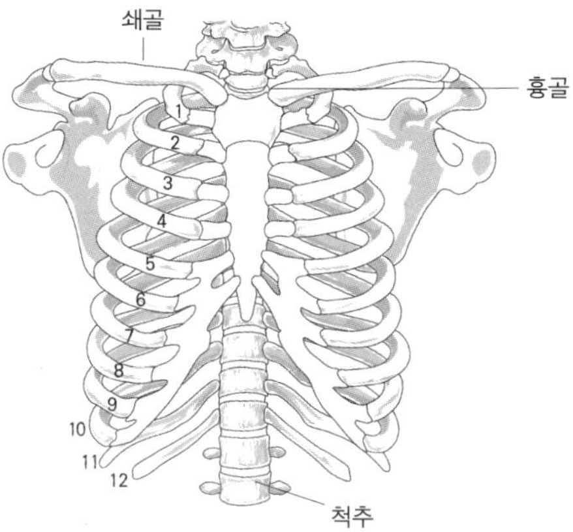

그림2. 12쌍의 갈비뼈

는 보통 7, 8번 갈비뼈, 그리고 그것과 연결되어 있는 연골, 근육, 피하지방층, 피부를 떼어내어 턱뼈를 비롯한 턱의 피부까지 한 번에 복원하는 수술을 말한다. 이 수술은 흔히 교통사고 등의 이유로 아래턱이 손상된 환자를 치료할 때 시행된다. 하나님이 갈비뼈로 한 사람을 만드신 것과 같이 갈비뼈와 주변 조직을 이용해 다친 곳을 완벽히 복원한다는 뜻인 만큼 상당히 성경적인 어원의 수술명이 아닐 수 없다.

뿐만 아니라 다른 부위의 치료를 위해 갈비뼈를 떼어내는 일은 더러 있다. 일례로 한쪽 귀가 없는 소이증 환자들에게 귀를 만들어줄 때에도 갈비뼈와 흉골 연결 부위의 연골을 사용하곤 한다. 갈비뼈 연골은 코 성형이나 재건 수술에서도 사용된다. 사실 우리 몸의 뼈 중에 다른 부위의 치료를 위해 쓸 수 있는 뼈는 갈비뼈가 거의 유일하다.

우리 몸에서 자연 재생되는 거의 유일한 물질이 바로 뼈다. 예를 들어 피부를 다치면 새로운 피부가 생성되긴 하지만 흉터가 남거나 털이 나지 않는 등의 후유증이 남는다. 하지만 뼈는 스스로 치유되고, 재생된 다음에는 원래만큼 단단해진다. 물론 석고붕대를 상당 기간 둘러야 하는 불편이 따르기는 하지만 말이다.

갈비뼈는 우리 몸을 구성하는 206개의 뼈 중에서도 재생 능력이 가장 탁월하다. 갈비뼈에는 줄기세포처럼 골막조직

(perichondrium)이 있어 새로운 뼈를 만들고 영양을 공급하는 기능이 뛰어나기 때문이다. 따라서 갈비뼈를 잘라내는 수술을 할 때 의사들은 골막조직이 손상되지 않도록 특별히 유의한다. 골막조직이 보존되어야 수술 후 상처가 쉽게 아물고 빨리 회복되기 때문이다. 일례로 오목가슴 수술을 할 때도 6-10번 부위의 기형적인 갈비뼈와 연골을 제거하되 골막조직은 보존하여 추후 정상적인 모양으로 재생될 수 있도록 한다.

우리 몸에서 가장 중요한 장기인 심장, 폐, 간은 모두 갈비뼈와 흉골(sternum)에 둘러싸여 보호를 받고 있다. 또한 갈비뼈는 폐의 호흡을 돕는다. 갈비뼈가 없다면 폐가 확장될 공간이 충분히 확보되지 않아 호흡에 문제가 생긴다. 이런 점에서 갈비뼈는 생명 그 자체라고 할 수 있다.

갈비뼈는 척추와 흉골을 연결하는 역할을 함과 동시에 흉곽을 형성한다. 1-7번 갈비뼈는 갈비연골(costal cartilage)을 통해 흉골에 연결되어 있다. 8-10번은 하나의 갈비연골을 통해 흉골에 연결되어 있고, 11-12번은 뜬 갈비뼈(floating ribs)라 하여 흉골과는 연결되어 있지 않고 척추와만 연결되어 있다. 사람들 중에는 뜬 갈비뼈가 하나뿐인 경우도 있고, 세 개인 경우도 있다. 일부에서는 아담과 하와의 이야기에 근거해 남자의 갈비뼈가 여자보다 하나 적다고 생각하기도 하나 이는 사실과 다르다. 획득형질은 유전되지 않는다는 사실을 끌어오지 않더라도 상식적으로 아버지가 갈비뼈를 하나 떼어내는 수술을 받았다고 해서 아들이 갈비뼈가 하나 모자란 상태로 태어날 리 없기 때문이다.

그렇다면 하나님은 과연 몇 번 갈비뼈로 하와를 만드셨을까?

심장과 폐를 보호하는 데 중요한 역할을 하는 1-6번을 썼을 가능성은 높지 않다. 어떤 학자들은 흉골에 연결되어 있지 않아 상대적으로 뽑기 쉬웠을 11번이나 12번 갈비뼈를 썼을 것으로 추정한다. 하지만 11-12번에는 흉골과의 연결 부위에 있는 연골이 없어서 정교한 재료로 쓰이기에는 다소 부족하다는 생각이 든다.

개인적인 의견으로는 Adam's operation에 쓰이는 7-8번 갈비뼈와 연골, 근육과 피하지방층 그리고 피부까지 함께 떼어내어 하와를 만드셨지 않을까 싶다. 남자는 흙으로 만들어져서 강인하고 투박한 반면 여자는 아담의 갈비뼈, 즉 한결 섬세한 소재로 창조되었기 때문에 남자의 몸보다 훨씬 부드럽고 아름답다고 말하는 사람도 있다.

하나님이 남자의 갈비뼈를 떼어내어 여자를 만드는 데 쓰신 것을 생각하면, 오랜 세월이 지난 지금 의사들이 다른 부위를 치료하기 위해 갈비뼈를 떼내어 쓰고 있다는 사실은 실로 놀라운 일이 아닐 수 없다.

하나님께서 남자 갈비뼈로 여자를 만드신 데는 깊은 뜻이 있습니다. 남자의 발로 만들지 않은 것은 짓밟히지 않도록 하심이고, 옆구리로 만든 것은 동등하라 하신 것이요, 팔 아래 있는 것으로 만든 뜻은 보호받으라고, 심장 옆의 것으로 만드신 것은 사랑받아야 한다는 뜻이셨습니다(매튜 헨리, 영국 목사).

그림3. "이브의 창조"(미켈란젤로 부오나로티, 1508-1512)

/ 도움말 /

제형곤(부산대학교 의과대학 흉부외과 교수), 김상엽, 김기호(이상 성형외과 전문의), 신제균(건국대학교 의과대학 흉부외과 교수, 목사)

/ 참고 /

NIV 영어 성경은 "여호와 하나님이 아담을 깊이 잠들게 하시니 잠들매 그가 그 갈빗대 하나를 취하고 살로 대신 채우시고"(창세기 2:21)에서 갈비뼈(rib)라는 단어에 "or took part of the man's side"라는 각주를 첨가하여 '옆구리에서'라고도 표현할 수 있음을 명시했다. 히브리어 원어에는 현대 히브리어로 갈비뼈와 '옆'이라는 의미를 가진 '쩰라'(צלע)라는 단어가 쓰였다. 구약 히브리어 사전의 양대 산맥인 BDB 사전과 HALOT 사전에서 그 의미를 찾아보면, BDB 사전에는 창세기 2:21에서 이 단어가 갈비뼈의 의미로 사용되었다고 명시하고 있고, HALOT 사전 또한 이 단어가 성경의 다른 구절에서는 '옆'의 의미를 갖기도 하지만 창세기 2:21에서는 분명히 '갈비뼈'의 의미를 갖는다고 표기하고 있다.

그러나 저명한 중세 유대 성서학자인 라쉬(רש"י), 이븐 에즈라(ראב"ע), 그리고 랄바그(רלב"ג)는 출애굽기 26:20의 "성막 다른 쪽"이라는 표현에서 동일한 단어인 **쩰라**(צלע)가 사용되었음을 근거로 이 단어가 '옆'의 의미를 갖는다고 주장했다.

/ 주 /

1) 스티브 주안, 『인체의 오묘한 신비』(시아출판, 1996), 151.

/ 참고자료 /

- "신학과 과학의 만남", 「국민일보」, 2005. 3. 26.
- 마이클 로이젠 외, 『내 몸 사용 설명서』(김영사, 2007), 110-118.

맺는말

이 책은 성경을 읽는 모든 사람들을 위한 책이다. 종교와 의학 지식의 유무를 떠나서 성경에 관심을 가지고 있는 독자라면 누구나 도움을 얻을 수 있는 내용일 것이다.

아담의 갈비뼈로 하와를 만든 이유, 에서와 야곱의 쌍둥이 분만과정에 대한 해설, 하나님의 우울증, 하나님이 아담의 코에 생기를 불어넣은 것과 신생아 호흡과의 연관성, 혈루증 여인에 대해 다룬 책은 아마도 이 책이 최초가 아닐까 싶다.

다윗의 물매 돌, 할례, 예수님의 사인(死因), 아담의 마취처럼 이전에 다른 문헌에서 다루어진 주제에 관해서는 필자만의 새로운 시각을 제시했다.

예수님이 벳새다 맹인을 두 번 안수하셨다는 사실은 국민일보 기사를 통해 처음 접한 내용인데, 이 주제를 다룬 장에서는 안과 전문의로서의 내 식견을 활용해 논지를 전개했다. 페스트와 한센병에 대해서는 아노 카렌의 『전염병의 문화사』에서 아이디어를 얻은 후 이와 관련된 신학적인 내용을 많이 첨가해 지금과 같은 글로 완성할 수 있었다. 사울의 실명 원인, 야곱의 엉덩이 관절 부상에 대한 이야기를 준비하면서는 놀랍게도 나와 같은 생각을 한 사람이 이전에도 많았다는 사실을 알게 되었다. 그만큼 성경 속 질병에 관한 관심은 오래전부터 끊이지 않았다. 하지만 성경과 의학을 연결시키려는 시도는 많지 않았다.

이 책을 구상한 것은 아버지의 그늘에서 신앙생활을 하며 보낸 6년간의 의과대학 시절의 일이다. 안과 레지던트 시절 2번이나 도망을 칠 정도로 방황하며 다른 과에도 관심을 가졌던 경험이 이 책의 집필에 큰 도움이 되었다. 목사의 딸로 태어난 어머니는 뒤늦게 신학의 길을 택한 아버지의 든든한 지원군이 되어주시고, 아들을 믿음의 의사로 훌륭하게 키우셨다. 어머니가 아니었다면 이 책은 빛을 보지 못했을 것이다. 어머니는 의사가 된 아들의 모습도, 당시 건축 중이던 새 성전도 보지 못하고 천국에 가셨지만 나는 지금도 항상 어머니의 사랑을 느낀다.

언제나 보이지 않는 곳에서 남편을 위해 기도하며, 위암 수술을 받으신 시아버님께 정성을 다하는 아내 김규라에게도 진정 어린 감사의 뜻을 전한다.

부족한 사위를 위해 새벽마다 기도하시는 장인어른 김정배 목사님과 장모님 조은애 사모님께도 감사를 드린다. 믿음 안에서 잘 자라준 두 아들 동원, 재원이에게도 고맙다. 선천성 심장기형으로 3번이나 수술을 받았지만 지금은 건강을 회복한 조카 이하민에게도 감사를 전한다. 그 아이를 위해 기도할 때 받은 영감들이 이 책의 집필에 많은 도움이 되었다.

이 책에 의학적 조언을 주신 많은 분들께도 고마운 마음을 전한다. 은사님이신 부산대학교 의과대학 산부인과 김원회 교수님, 멀리 미국에서 도움을 주신 존스 홉킨스 의과대학 재활의학과 이승복 선생님, 고모부 정형외과 이종열 선생님, 매형인 비뇨기과 양승학 선생님, 신앙생활의 동역자인 산부인과 정병준, 정형외과 안동신, 마취과 구승룡, 진단검사의학과 최병권, 신경외과 박우민, 소아과 오명선, 피부과 윤지석, 마취과 윤건중 선생님, 대학 선배인 내과 이현국 선생님, 대학 후배인 성형외과 김상엽, 성형외과 김기호 선생, 대학 동기인 산부인과 김하정, 내과 안병재, 외과 조태용, 소아과 최임정 선생, 부산대학교 의과대학 흉부외과 제형곤,

부산대학교 의과대학 재활의학과 신용범, 건국대학교 의과대학 심장내과 양현숙, 부산대학교 의과대학 외과 정윤주 교수, 그리고 전남대학교병원 병원장을 역임하신 박찬진 이모부님과 전남대학교 의과대학 안과 박상우 교수, 일면식도 없는 나의 질문에 정성스럽게 메일로 답장을 주신 목사님이자 흉부외과 전문의이신 건국대학교 의과대학 신제균 교수님과 연세대학교 의과대학 안과 홍영재 선생님, 서울대학교 의과대학 안과 이진학 선생님, 그리고 비뇨기과 정찬의, 정신과 임우택 선생님, 가톨릭대학교 의과대학 안과 노창래 교수님과 부산중앙교회 동료인 인지신경과학자 윤은영 박사와 정형외과 김성완 선생님, 사랑하는 친구 정신과 이형근, 영상의학과 나원균 선생, 그리고 고려대학교 의과대학 신경외과 김상대 교수, 안과의국 후배인 임창현, 장용익 선생, 인턴 동기생인 한림대학교 의과대학 정형외과 신재혁 교수가 그분들이다.

이 책이 나올 수 있는 계기를 마련해주신 고신대학교 이상규 목사님과 히브리대학의 임채의 군에게 감사드리며, 추천사를 써주신 귀한 분들과 부족한 원고가 세상에 나올 수 있게 해준 새물

결플러스 출판사에도 감사드린다. 성경에 대한 이 같은 접근이 아직은 낯설게 느껴질 수도 있는 만큼 책의 출간 이후 독자들의 솔직한 반응과 의견을 들어보고 싶다. 아무쪼록 이 책이 성경과 관련된 의학적 사실들이 드러나게 하는 기폭제가 되기를 바라며, 이 책을 시작으로 이 주제에 관한 더욱 심도 있는 책들의 출간이 이어지기를 진심으로 바란다.

2015년 10월

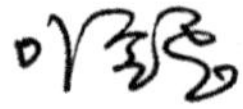

성경 속 의학 이야기

의학의 눈으로 읽는 성경

1쇄발행_ 2015년 10월 16일
2쇄발행_ 2015년 11월 12일

지은이_ 이종훈·이노균
펴낸이_ 김요한
펴낸곳_ 새물결플러스
편　집_ 왕희광·정인철·최율리·박규준·노재현
최정호·최경환·한바울·유진·권지성·신준호
디자인_ 이혜린·서린나·송미현
마케팅_ 이승용
총　무_ 김명화·최혜영
영　상_ 최정호

홈페이지 www.hwpbooks.com
이메일 hwpbooks@hwpbooks.com
출판등록 2008년 8월 21일 제2008-24호
주소 (우) 07214 서울특별시 영등포구 양평로 11, 5층(당산동 5가)
전화 02) 2652-3161
팩스 02) 2652-3191

ISBN 979-11-86409-29-9 03230
책값은 뒤표지에 있습니다.

이 도서의 국립중앙도서관 출판예정도서목록(CIP)은 서지정보유통지원시스템 홈페이지(http://seoji.nl.go.kr)와 국가자료공동목록시스템(http://www.nl.go.kr/kolisnet)에서 이용하실 수 있습니다(CIP제어번호: CIP2015026349).